Le capitalisme dénature la démocratie

Justin Minimona

Le capitalisme dénature la démocratie

L'Harmattan
Congo-Brazzaville

Du même auteur

L'amour vrai au féminin singulier,
théâtre, L'Harmattan-Congo, 2016.

L'implacable destin de l'homme,
l'envers ou l'endroit, ou le bien et le mal indissociables,
L'Harmattan-Congo, 2016.

Pour une démocratie sans partis politiques,
L'Harmattan-Congo, 2016.

5-7, rue de l'Ecole-Polytechnique, 75005 Paris

http://www.editions-harmattan.fr

ISBN : 978-2-343-11219-0
EAN : 9782343112190

Introduction

La démocratie est l'un des régimes politiques servant à administrer un pays ou une république. Selon les données historiques et philosophiques, ce régime est né en Grèce antique avant Jésus-Christ dans la cité athénienne. Après son apparition dans cette cité, de nombreuses populations voulaient l'adopter pour leur république, leur royaume ou leur cité. Mais, il connaissait des résistances farouches à l'égard des autorités politiques. Les plus grandes résistances de l'époque se manifestent par la guerre de Péloponnèse entre Sparte et Athènes entre 431 et 404 avant Jésus-Christ. Ce régime qui fait la renommée de la Grèce aujourd'hui était en berne pendant presque tout le Moyen Âge. Il va retrouver ses lettres de noblesse respectivement aux XVIIe et XVIIIe siècles chez les Anglais et chez les Français. C'est partant de ces deux peuples, à la suite de la renaissance et des écrits des philosophes modernes, que la démocratie moderne avait vu le jour. À partir de là, après la mauvaise gouvernance entraînant des guerres à l'intérieur et entre les monarchies en Europe, la démocratie est considérée comme le meilleur régime pour la gestion de l'État par un grand nombre de peuples des temps modernes. Le choix de ce régime repose sur ses valeurs et ses caractéristiques qui engagent le peuple à la gestion de l'État et qui placent la cité et le citoyen au centre de l'agir politique contrairement à la monarchie, l'aristocratie et la tyrannie qui reposent le pouvoir sur des individus et placent les intérêts particuliers au centre de l'agir politique. Ce régime choyé par beaucoup de peuples se manifeste aujourd'hui comme un bouc émissaire. De nombreux peuples, vivant pourtant dans des pays démocratiques, ne le reconnaissent plus réellement. Des appels se lancent par ici et par là pour une meilleure démocratie. Ce qui montre que ce régime a perdu quelque chose de substantiel. Mon objectif ici n'est pas de parler en long et en large de la démocratie, car ce travail je l'ai fait dans ma réflexion sur mon livre intitulé *Pour une démocratie sans partis politiques* publié récemment ; il consiste plutôt à montrer que **la démocratie a un caractère socialiste non capitaliste,** mais sa gestion actuelle est plus capitaliste que socialiste. D'où elle a perdu sa valeur et étonne beaucoup d'esprits qui veulent la voir comme à Athènes.

« Pour l'amour de la démocratie et de l'ordre social des États : la démocratie a un caractère socialiste non capitaliste, nous sommes exploités pourtant c'est notre pouvoir. »

Justin Minimona

Chapitre I : L'origine de la démocratie

Je ne voudrais pas ici parler profondément de la démocratie pour ne pas rendre le travail extensif, car je voudrais faire une brève présentation de la démocratie et de ses origines.

En effet, le mot démocratie selon l'étude des cultures vient du grec « démos » qui désigne le peuple et « kratos » ou « kratein » qui signifie pouvoir. Ainsi, est-il défini comme « **pouvoir du peuple** », telle est la définition par laquelle on indiquait ce pouvoir à l'antiquité. Il indiquait en ce sens le pouvoir qui venait ou découlait du peuple et appartenait à lui en opposition avec la tyrannie, la monarchie, l'oligarchie, la timocratie, la ploutocratie et la république où le pouvoir venait de l'usurpation, d'un coup d'État, de la terreur ou d'une assemblée non populaire et appartenait à un individu ou à un groupe d'individus. C'est un régime où le pouvoir repose sur le peuple. À Athènes, il était exercé par le peuple lui-même à travers l'ecclésia (l'assemblée). Aujourd'hui, c'est un régime où on ne peut accéder au pouvoir sans passer par le peuple et tout ce que l'on fait, on le fait au nom du peuple. D'où au XIXe siècle, Abraham Lincoln avait défini la démocratie comme le « **pouvoir du peuple, par le peuple et pour le peuple** ».

On n'accède donc pas au pouvoir par un coup d'État, par usurpation, par la ruse ou par la terreur en démocratie. On y accède par la volonté du peuple. La fonction politique ne se fait pas pour satisfaire les intérêts individuels ou des particuliers, mais pour l'intérêt de la communauté, des citoyens. Outre ce caractère, la démocratie a une nature distincte des autres régimes. L'analyse des pensées de Périclès, selon son oraison funèbre prononcée en l'honneur des morts d'Athènes pendant la guerre de Péloponnèse, des philosophes comme Montesquieu et Jean-Jacques Rousseau plus les données historiques de la gestion démocratique à Athènes montrent que la démocratie se caractérise aussi par l'égalité de tous devant la loi que les Grecs appelaient *isonomie*, la liberté d'expression qu'ils appelaient *iségorie,* la liberté politique et individuelle, la division du pouvoir en pouvoir exécutif, judiciaire et législatif ; le mérite comme base pour l'octroi d'une fonction publique, la tolérance des uns envers les autres, le règlement des conflits par la loi et les magistrats, la souveraineté du peuple.

Pourquoi les Grecs avaient-ils adopté ces caractéristiques pour la démocratie ? Les raisons sont tout à fait simples. Avant la démocratie, la Grèce avait connu la monarchie, l'aristocratie et la tyrannie. Dans ces trois régimes, le pouvoir avait un caractère exclusif. Ce n'était pas tous les citoyens qui pouvaient faire la politique. Quand dans la monarchie, seuls le roi et ses préférés avaient un mot sur l'État, dans l'aristocratie, seuls les oligarques au pouvoir en avaient et dans la tyrannie, la magistrature selon les classes établies par Solon était réservée aux riches. Les autres citoyens subissaient la gestion de l'État. Il n'y avait donc pas la liberté d'expression pour tous. De même, s'agissant de l'application de la loi, seuls les sujets dans la monarchie et ceux qui n'étaient pas au pouvoir dans l'aristocratie devraient la respecter. Cette loi émanait du roi dans la monarchie, des oligarques ou des aristocrates au pouvoir dans l'aristocratie et du tyran dans la tyrannie. Dans ces conditions, ceux qui étaient à sa base la faisaient pour leur avantage au détriment des autres. Donc, dans ces trois régimes, ce n'était pas tout le monde qui devrait respecter la loi et accéder à tous les pouvoirs. Cela était réservé à une classe donnée et à une autre, non. Ils avaient donc des privilégiés. Ceux-là étaient intouchables, ils étaient les protégés de la cité, de la République. Il n'y avait donc pas de liberté politique, et tous les pouvoirs reposaient soit sur le roi seul, soit sur un groupe d'oligarques, soit sur un tyran. Par exemple, selon le régime, ceux qui étaient au pouvoir étaient exemptés de toutes les taxes. Ils les imposaient seulement en leur faveur aux sujets. S'agissant de la justice, on peut dire qu'elle était guidée par la loi du plus fort. Car, non seulement, le roi et l'oligarque avaient toujours raison devant le citoyen selon le mode du pouvoir, on pouvait corrompre pour avoir raison. Donc, la justice se faisait souvent au profit des plus nantis, des plus fortunés et des forts. Sur les fonctions publiques, la monarchie et l'aristocratie se fondaient sur la confiance, les enchantements et la corruption pour attribuer une fonction au citoyen alors que dans la tyrannie on le faisait selon les richesses ; le mérite venait après. C'est certainement pour cette raison que Platon réclame, pour la cité qu'il projette dans la *République*, une société qui serait fondée sur la justice sociale, c'est-à-dire qui se consacrerait au mérite comme moyen d'accès à une fonction sociale.

Par rapport donc à l'origine de ce mot, il apparaît que la démocratie est d'origine grecque. Mieux, ce sont les Grecs qui ont inventé la démocratie. En effet, l'histoire nous enseigne que la démocratie est née à Athènes au Ve siècle avant J-C. C'est la cité athénienne qui aurait connu, la première, la démocratie comme mode de gestion de l'État. Avant ce régime à Athènes, le monde politique connaissait les régimes comme : la tyrannie, la monarchie, l'oligarchie, la timocratie, la ploutocratie et la république selon les cités grecques ou les royaumes et les empires environnant l'antiquité grecque. Athènes avait connu trois régimes avant la démocratie comme je l'ai souligné ci-dessus : la monarchie et l'oligarchie ou l'aristocratie plus la tyrannie. La démocratie prit naissance à Athènes suite au mécontentement des « *politaï* » (citoyens) face à l'occupation de la cité par les étrangers (les métèques). L'histoire nous enseigne ici que, après la perte du pouvoir par les pros royalistes, deux camps politiques qu'on appellerait aujourd'hui partis se formèrent à Athènes. D'un côté les pros royalistes qui voulaient qu'Athènes revînt à la gestion royale et les aristocrates au pouvoir qui ne le voulaient plus. Cette contradiction fit que la cité eût connu des divisions intestines. Ainsi, Athènes s'affaiblit tant sur le plan intérieur qu'extérieur. Les guerres contre les étrangers et la division de la cité firent que la cité fût occupée par les étrangers. Ainsi, face au déshonneur qu'essuyait la cité, les citoyens, malgré le fait que le droit de guerre fut réservé aux cavaliers, prirent les armes pour combattre les occupants et libérer la cité. Cet engagement conduit Athènes de victoire en victoire. À cet effet, la cité étant libérée par les citoyens, certains aristocrates proposèrent que désormais personne ne puisse prétendre au pouvoir sans passer par le peuple. Tel avait été le début de la démocratie à Athènes. Ainsi, analysant l'histoire politique de l'antiquité athénienne, l'histoire fait ressortir qu'Athènes était partie d'une division politique entre les pros royalistes et les aristocrates provoquant à cet effet des conflits pendant l'aristocratie, pour l'unité de la cité et la fin des conflits internes pendant la démocratie. De même, dans la gestion royale et aristocratique, l'intérêt de l'agir politique était réservé respectivement au roi dans la monarchie et aux aristocrates dans l'aristocratie. Aucun intérêt ne portait sur la cité et les citoyens. Le roi, tout comme les aristocrates s'accaparaient de toutes les terres, de tous les biens en appauvrissant de plus en plus les citoyens qui formaient la majorité du peuple. Cependant, quand Athènes accéda à la démocratie, la vision de l'agir politique avait changé. L'intérêt qu'on accordait au roi ou aux aristocrates était désormais accordé à la cité et aux citoyens. On pensait finalement non aux intérêts des particuliers, mais à ceux de la cité, de la société et des citoyens. D'où par exemple, Solon retira certains droits aux riches pour les partager avec le peuple et Clisthène procéda au mixage des populations selon les dèmes. Ce qui se manifeste ici est que, les premières gestions d'Athènes étaient capitalistes parce que fondées sur l'intérêt des particuliers au détriment de l'intérêt général ou de la cité et les fonctions étaient distribuées par rapport à la richesse. Alors que la gestion démocratique avait amené le socialisme parce que se fondant sur l'intérêt de la cité ou de la société et des citoyens. Cet esprit qui fonde l'intérêt de l'agir politique sur la cité et les citoyens qu'est donc le socialisme n'est autre que le même que l'on retrouve dans la politique du « *MBONGUI* » [1] dans la gestion des clans chez les Kongo. En effet, partant de l'expérience que j'ai acquise sur la politique du « *MBONGUI* », quatre rôles fondamentaux y sont joués : c'est le lieu de repos, de repas, de rassemblement et de l'éducation ou de l'édification des hommes. Pour se reposer, pour manger comme pour se rassembler et s'éduquer, les hommes selon la tradition Kongo devraient être au « *MBONGUI* ». Lors des repos, chacun pouvait s'y retrouver individuellement. Cependant, lors des repas, des rassemblements et de l'éducation, on attendait tous les hommes. Le chef du « *MBONGUI* » ne pouvait pas engager le repas ou le débat, si l'un des hommes qui le constituaient était absent. Il s'assurait d'abord de sa présence avant d'engager ces deux moments. Au « *MBONGUI* » donc, il y avait trois moments qui se passaient de manière sociale : le repas, le rassemblement pour traiter les affaires du clan et l'éducation. Le repas reposait par exemple sur le principe : ce qui est à moi est

[1] Lieu où les hommes s'asseyaient, prenaient leur repas et traitaient les affaires de la famille chez les Kongo.

pour tous et ce qui est pour tous est à moi. D'où aucun homme déjà admis au « *MBONGUI* » ne pouvait manger au foyer des femmes ou sans les autres. Toutes les femmes de la cour clanique devraient donc apporter le repas de leurs maris au « *MBONGUI* » et souvent, les hommes mangeaient ensemble le matin comme le soir. Cette organisation faisait que personne ne pouvait rester affamé, même si son épouse n'avait rien déposé ou même s'il n'y avait pas suffisamment de nourriture. C'est cela qui manifestait le caractère social du « *MBONGUI* » et déterminait le socialisme bantou. Ici, le socialisme se manifestait comme un système de vie communautaire et non une gestion politique. Il était plus relatif dans la gestion intersubjective dans l'échange des biens, la gestion politique était démocratique. Même si presque tous les pouvoirs étaient concentrés sur le chef, celui-ci ne décidait pas seul de la vie communautaire. Pour traiter une question d'organisation du clan, le chef convoquait une assemblée générale de tous les hommes qui constituaient le « MBONGUI ». Chacun était appelé d'y prendre part. Pendant le rassemblement, il donnait la parole à tous les participants. Chacun était libre de s'exprimer, tout le monde avait le même droit, ce qui traduit respectivement l'*iségorie* et l'*isonomie* chez les Grecs. L'octroi des fonctions se faisait par le mérite. Par exemple pour être un messager, il fallait être doux ; pour assurer la garde, il fallait être turbide et courageux ; pour être un chef de clan, il fallait avoir des moyens et l'amour des gens. Il y avait la tolérance et les conflits étaient réglés en tenant compte des us et coutumes. Les partis pris étaient très rares, car le principe de la justice reposait sur la règle selon laquelle : « celui qui a tort, a tort et celui qui a raison, a raison ». Les décisions se prenaient soit par consensus, soit par la loi de la majorité. Ce n'est qu'au moment où toute l'assemblée réunie n'arrivait pas à avoir une décision que le chef en vertu du pouvoir qui lui était conféré pouvait prendre, associant parfois des gens de confiance, une décision unilatérale, mais après avoir réuni à maintes reprises l'assemblée. Cette réalité, nous la retrouvons dans la démocratie actuelle à travers les ordonnances[2]. La gestion du « *MBONGUI* » sur le plan des repas et sur la gestion des affaires claniques montre bien que le socialisme en tant que mode d'échange des biens rime par essence avec la démocratie. À mon avis, c'est par cette raison que, quand les Français dirent pendant la révolution de 1789 : « la France aux Français » en s'opposant à la « la France pour le roi », l'idée du socialisme prit naissance. Or, ce moment marquait le début de la démocratie française. Ce qui prouve en partie que la démocratie va avec le socialisme.

Nombreux objecteront certainement que la gestion du « *MBONGUI* » n'était pas par nature démocratique, car elle excluait les femmes. Je voudrais déjà ici noter que tout système politique fonctionne avec des lois et les lois politiques manifestent déjà l'exclusion. Aucun système politique ne laisse la liberté à tout le peuple le droit de la gestion politique. De la Bible à tous les systèmes politiques de l'Europe antique et même moderne, on ne laisse pas la liberté à tout le peuple de s'engager dans la gestion de l'État. Quand la démocratie athénienne excluait les femmes, les esclaves, les enfants et les étrangers non-adoptés, des affaires de la cité ; la démocratie actuelle exclut les jeunes de zéro à dix-sept ans du vote. Est-ce que ces jeunes, tous n'ont-ils pas le discernement pour choisir librement un élu ? Aussi, la limitation d'âge pour être élu à

---

[2] Loi qu'un président prend pour faire quelque chose d'intérêt général lorsque les deux chambres du parlement s'opposent ou ne s'accordent pas.

une fonction de l'État est une sorte d'exclusion. Donc, l'exclusion des femmes au « *MBONGUI* » n'est pas une raison fondamentale pour justifier le manque de démocratie au « *MBONGUI* » sinon, on le dira pour toute la démocratie. Il faut plutôt se fixer sur l'échange des biens et le traitement des questions d'ordre général pour comprendre que le « *MBONGUI* » était socialiste et démocratique.

Chapitre II : Le socialisme et le capitalisme

Je ne veux pas faire ici un exposé ou une étude académique de ces deux concepts pour étaler toutes les théories philosophiques et économiques qui les traitent, car je m'adresse ici à un lecteur public qui aurait des difficultés à bien comprendre le langage spécifique de ces deux termes en philosophie et en économie. Mon objectif est de montrer ici ce qu'on entend par socialisme et capitalisme pour montrer leur influence dans la vie politique.

1- Que sont le socialisme et le capitalisme ?

Comme tous les mots qui se terminent par le suffixe « *isme* » sont des noms indiquant un courant, une idéologie ou une doctrine dont le sens est défini par le radical, le socialisme et le capitalisme sont deux idéologies ou deux doctrines économiques non-politiques liées comme le pense Karl Marx à la production et à l'échange des biens dans une société. Ils sont synonymes du troc qui était le premier système d'échange des biens dans les sociétés primitives selon l'histoire. Dans la pratique politique, il semble y avoir une confusion comme régimes politiques. En effet, tellement que ces deux mots sont beaucoup utilisés en politique, aujourd'hui, il y a une grande confusion qui se manifeste dans l'esprit des gens pensant que le socialisme et le capitalisme sont deux courants politiques. Ce qui fortifie cette confusion, c'est l'usage de l'expression « *socialisme* » dans la nomination de certains partis politiques et le caractère socialiste des pays monopartites. C'est donc à cause de cette confusion politique que le socialisme et le capitalisme sont considérés comme des courants politiques par ceux qui n'ont pas appris ce que sont réellement ces deux concepts et qu'on croit que le socialisme est né en Europe au XIXe siècle, alors qu'il existait déjà comme mode d'échange dans certaines sociétés. Mais, ce que je voudrais relever ici est qu'il ne faut pas confondre le socialisme et le capitalisme comme des idéologies politiques. Ce sont bien des modes de gestion économique des sociétés. Lorsqu'on parle du socialisme ou du capitalisme, il ne faut pas voir par ces expressions des systèmes politiques, mais il faut voir plutôt les systèmes de gestion économique d'une société. Si on peut se demander à quelle question répond un régime politique et à quelle question un système économique répond-il ; on comprendra facilement que le socialisme et le capitalisme ne sont pas des régimes politiques, ce sont plutôt des systèmes économiques. En effet, dans l'étude de la politique et de l'économie, il apparaît que la question principale de la politique repose sur : « comment gérer ou gouverner la cité ou l'Etat ?». C'est à elle que répondent les différents régimes politiques tels que la démocratie, la monarchie et l'aristocratie. A cette question se substitue celle-ci :« qui doit gouverner la cité ou l'Etat ?» à laquelle répond le peuple en démocratie, le monarque dans la monarchie et les aristocrates dans l'aristocratie. Ces deux questions ne nous révèlent en aucun moment la gestion économique. C'est aussi en fonction de ces questions que nous avons des pouvoirs comme le gouvernement, la présidence, le parlement, le peuple ; les textes comme la constitution et la division territoriale comme les départements ou les provinces. Tous ces concepts sont liés à la politique non à l'économie. L'économie au contraire selon son sens grec de ''oïkonomos'' désignant la norme de la gestion domestique répond à la question : «comment administrer la maison ? » cette question marque une différence entre l'administration politique et économique. Ici, l'économie regarde plus la distribution des tâches, la répartition et la gestion des biens dans la maison. C'est cette même fonction qu'elle requiert dans la politique. D'où Platon préfère-t-il l'aristocratie comme régime politique et propose comme modèle économique le communisme dont le principe fondamental est la communauté des biens et sur la répartition des tâches, il propose la justice sociale : « l'homme qu'il faut à la place qu'il lui faut ». Dans leurs fondements, les régimes politiques s'opposent aux systèmes économiques. Un examen profond du socialisme et du capitalisme nous montre bien que ces deux systèmes sont plus économiques que politiques. Cette thèse selon laquelle le socialisme et le capitalisme sont des systèmes économiques est bien démontrée par Maurice Duverger dans son œuvre, *Sociologie politique* lorsqu'il dit parlant du capitalisme et du socialisme : « On notera d'autre part que les idéologies qui se développent ici sont essentiellement des idéologies économiques. »[3]. Faire du capitalisme et du socialisme des régimes politiques relève d'une confusion historique ou d'un simple abus de langage car, les régimes politiques sont bien définis et à en croire les philosophes politiques qui les ont regroupés, nous avons : **la monarchie, la tyrannie, l'aristocratie, la ploutocratie, l'oligarchie, la timocratie et la démocratie.** Ces régimes politiques emploient chacun un mode de gestion économique qui est soit le socialisme soit le capitalisme secondé par le troc qui tend de plus en plus à disparaître par la présence de la monnaie (l'argent). Par exemple dans une monarchie, le système économique est plus capitaliste que socialiste parce qu'ici la production et l'échange des biens reposent beaucoup plus sur l'intérêt des particuliers comme le roi et les bourgeois. L'intérêt de l'agir politique repose sur les avantages du roi. On veut

---

[3] Maurice Duverger, *Sociologie Politique*, éd. P.U.F, Paris, 1967, p. 396.

avoir un roi plus fort, plus riche et donc tout lui est consacré. On pense plus à son enrichissement qu'à celui du royaume ou de la cité. On peut dire qu'on pense plus au capital du roi qu'à celui de la société. Ce qui manifeste le caractère capitaliste non socialiste comme nous allons le montrer dans les lignes qui vont suivre. Ainsi, il y a donc des régimes ou des systèmes politiques et des systèmes économiques. Entre les deux, ce sont les systèmes économiques qui intègrent les systèmes politiques. Par exemple, en Chine, la gestion politique manifeste la timocratie, la tyrannie parce que reposant sur la terreur et la dictature du parti, et la gestion économique est socialiste parce que les entreprises sont beaucoup plus concentrées sur le contrôle de l'État. L'État centralise tout, voilà le sens d'un État à gestion économique socialiste.

L'histoire de la gestion des États montre bien que dès qu'un peuple change son système politique, il a tendance à changer son système économique. Cela se manifeste d'abord avec les Athéniens au Ve avant J-C. Tel que je l'ai montré dans les lignes précédentes que, Athènes, qui au départ monarchique et aristocratique avait un système économique capitaliste, en passant à la démocratie, elle avait opté pour le socialisme. Car ici, on pense non en faveur du roi ou des aristocrates, mais plutôt à la cité et au citoyen. De même, la fin des monarchies en Angleterre et en France avait amené la naissance des partis ayant une vision économique socialiste. Cependant, la résistance des conservateurs des idées monarchiques et de la gestion capitaliste de l'État avait fait qu'on aboutisse à une démocratie des partis et, aujourd'hui, les deux systèmes économiques se manifestent selon le parti au pouvoir. Si le pouvoir appartient aux démocrates, on a une bribe de socialisme, s'il appartient aux républicains ou aux conservateurs, il est typiquement capitaliste. Les droits des travailleurs et les avantages des citoyens sont bafoués au

citoyen après. On préfère maintenir, la lutte des classes, la domination des bourgeois sur les employés. Finalement, chaque citoyen se préoccupe plus de l'argent que de la fonction publique qui lui est confiée. Les pays à régime tyrannique le sont par la mise en place des instances et du fonctionnement de l'État, ils ne le sont pas dans le système économique, car, ici, l'économie est centralisée et les inégalités ne sont pas trop remarquables. On s'arrange à ce que les citoyens vivent tous dans les mêmes conditions. Par exemple, dans notre pays, les gens, notamment ceux qui avaient déjà l'âge mûr pendant le monopartisme, ne cessent de le réclamer. Comme les enfants d'Israël après leur sortie d'Égypte reprochaient à Moïse de les avoir amenés périr dans le désert, alors qu'ils étaient à l'aise en Égypte ; les gens de mon pays pensent qu'on était mieux avec le monopartisme et que la démocratie multipartite est venue tuer le pays. Ils ne cessent de dire : « le pays est mort, on ne sait jamais si on va encore le rattraper ». Et les plus âgés disent aux jeunes : « on ne sait jamais si vous allez réussir dans un pays qui manque d'assistance de l'État ». Chacun partout semble réclamer le pouvoir de l'État comme s'il n'existe pas. Cela se manifeste par le fait que, pendant le monopartisme, avec la démocratie populaire, le Congo avait un pouvoir économique centralisé : le socialisme. L'État contrôlait tout. On partait à l'hôpital sans rien amener. On ne payait, ni la consultation, ni certains examens comme aussi certains traitements. Nous avions des centres médicaux des élèves et des étudiants. Dans les centres des villages, il y avait un temps réservé aux écoliers. L'État prenait en charge les malades en difficulté. L'assistance maladie était bien appliquée. Mais, quelle est la réalité actuelle ! On ne peut rien espérer de l'hôpital donc de l'État aujourd'hui. Devant sa maladie, quel que soit le prix, le citoyen est obligé de se prendre en charge. Les enfants scolarisés même ne sont pas pris en charge pour leur santé par l'État. Sur les produits au marché, l'État veillait à l'établissement des prix de ceux-ci. Cependant, aujourd'hui, il se manifeste un laisser-aller total. Chacun fixe son prix comme il le veut. En agriculture et dans l'élevage, nous assistions à la montée de plusieurs coopératives et de plusieurs fermes d'État qui diminuait de plus en plus le chômage des citoyens et commençait à régler le problème de l'alimentation. Aujourd'hui, malgré les subventions que l'État accorde aux particuliers, on ne sent rien dans le marché. À cet effet, on peut dire que pendant que dans le monopartisme, l'État était concentré sur les meilleures conditions sociales des citoyens, aujourd'hui, ces conditions ne font plus la raison économique de l'État, on assiste à leur dégradation totale. La vie chère prend de plus en plus place au détriment de la vie moins chère. Face à cela, les citoyens se disent que ce pouvoir les oublie au profit de l'argent. Il est venu pour enrichir une classe donnée : le parti au pouvoir. Ce que les citoyens espéraient en démocratie, c'est la continuité du socialisme comme système économique et comme ils l'avaient vécu dans le monopartisme. Or, la démocratie les a livrés au capitalisme, d'où, ils ne la reconnaissent plus. Or, tel qu'on a rendu l'école gratuite, telle qu'on doive aussi rendre les soins publics gratuits ou au moins les amener à un moindre coup. Les prix des produits au marché devraient être bien contrôlés. Dans le monopartisme, les citoyens non employés à la fonction publique bénéficiaient des avantages de l'argent de l'État dans ce sens-là. De nos jours, quel bénéfice tirent-ils de cet argent si ce n'est l'escroquerie.

Cela montre beaucoup que là où le système économique est centralisé, les populations du moins dans les conditions sociales, sont mieux que là où on privilégie le capitalisme ou la décentralisation. Ne constatons-nous pas que, malgré le manque de liberté politique, les monarchies saoudienne et qatarie qui ont des économies centralisées, leurs peuples sont bien. En Occident, en Amérique où l'économie est libérale avec le capitalisme, les peuples se lamentent. Et, aujourd'hui, les grandes puissances se tournent de plus en plus vers les pays au système économique centralisé. L'Arabie Saoudite, le Qatar, et la Chine constituent maintenant l'eldorado des Occidentaux et des Américains. Leurs citoyens sont maintenant considérés comme les meilleurs clients du monde. Il est vrai que la Chine aujourd'hui manifeste le capitalisme, mais en principe elle ne l'est pas en tout. Le système chinois actuel peut être appelé hybride, il est mi-figue, mi-raisin. Autrement dit, il a à la fois une influence socialiste et capitaliste.

Ce qui prouve que le socialisme peut aussi contribuer à l'émergence tant économique que sociale d'un pays et le capitalisme avec le multipartisme peut contribuer à sa régression.

Si les pays politiquement démocratiques ne continuent qu'à présenter ce visage, ils attireront de moins en moins les pays politiquement dictateurs et socialistes en économie à moins qu'ils ne le fassent par la force comme on l'avait fait pour l'Afrique après la pérestroïka. Amener ces pays à la démocratie politique serait comme demander à quelqu'un qui connaît le feu de le toucher.

D'ailleurs, si on analyse bien l'histoire de l'occident, on se rendra compte que l'instabilité politique de ce continent entre le XIXe et la première moitié du XXe siècle était due à cela. Les régimes fascistes en Italie et en Espagne plus le nazisme en Allemagne, découlaient bien du multipartisme capitaliste pour le monopartisme socialiste. Ce qui explique en gros la raison du rattachement de ces régimes à la Russie dans leur début. Ils avaient trouvé en la Russie le modèle conforme pour la gestion économique d'un État. Le premier système économique capitaliste faisait trop vivre l'exploitation. Les révolutionnaires étaient mécontents de ce système qui entraînait l'exploitation et l'instabilité politique. Il voulait donc copier le modèle marxiste-léniniste. Chacun voulait faire comme Lénine le fit en Russie. D'où certains disent que ces moments représentent le déclin de la démocratie européenne au triomphe de la dictature.

Or, qu'est-ce qui fit la force d'Hitler ? Nous savons que tout pouvoir repose sur deux niveaux : le niveau national et le niveau international. Chaque État ou chaque gouvernement présente presque deux types de programmes : le programme national et le programme international. La vision d'Hitler sur les deux plans était bien consignée dans son œuvre : ***Mein Kampf*** (*Mon combat,* publié en 1924-1925). Tous les Allemands, du moins les plus politisés de l'époque, savaient que si Hitler gagnait les élections, il conduirait l'Allemagne en guerre et pourtant la guerre fait peur ; mais pourquoi les Allemands choisissaient-ils les députés de son parti après la rédaction de cette œuvre et sa sortie de la prison ? Car, les données historiques montrent bien que son parti (le NSDAP « Parti national-socialiste des ouvriers allemands » ou parti nazi) montait en pourcentage après chaque élection organisée en Allemagne entre 1928 et 1933. De douze sièges soit 2,6 p.100 des voix en 1928, il était arrivé à trois cent quarante et un sièges soit 44 p.100 des voix en 1933, au Reichstag, qui en fit donc le premier parti de l'Allemagne et conduisit Hitler au pouvoir. La réponse est simple : c'est ses promesses faites sur l'unité de l'Allemagne et les avantages qu'il présentait pour les Allemands dans son discours et sa vision politique. Déjà son parti se proclamait nationaliste et socialiste. Donc, par nature, il s'opposait au capitalisme et aux intérêts des particuliers. Dire que si je passais « premier Vizir » chacun aurait une voiture, les fameuses voitures du peuple, ne pouvait qu'enchanter les citoyens. Hitler était dictateur certes, mais son pouvoir reposait sur l'intérêt de tous les Allemands et de l'Allemagne non sur des Allemands particuliers. Ceux qu'il nommait, ce sont ceux qui portaient leur intérêt sur l'Allemagne et les Allemands non sur l'intérêt particulier. C'est ce qui fit la force de l'Allemagne nazie et ce qui explique en partie la montée de l'esprit nationaliste et du nazisme actuellement en Europe. En effet, les citoyens veulent que les politiciens pensent à eux d'abord en améliorant ou en facilitant leurs conditions sociales. Or, l'Union européenne tend à se bâtir institutionnellement, mais non socialement ; les inégalités tant à l'intérieur des États qui la constituent qu'au sein de l'Union sont encore trop criantes. Vivre l'Union européenne, c'est amener les citoyens aux mêmes conditions de vie sociale.

Les révolutions de la première moitié du vingtième siècle en Europe peuvent s'expliquer par l'engouement que les peuples eurent à l'antiquité après la naissance de la démocratie à Athènes. En effet, lorsqu'Athènes avait connu la démocratie, certains peuples de l'époque la trouvaient comme le pouvoir ou le régime qui apportait la paix, l'honneur aux citoyens, d'où leur attirance par ce régime. Ainsi, avec tous les problèmes que le multipartisme causait aux pays après la naissance de la démocratie multipartite en Europe et aux USA, les peuples trouvaient dans les révolutions et le monopartisme une solution pour retrouver la dignité des pays et diminuer les guerres intestines et la dictature capitaliste. Si on examine avec attention la vie politique dès la fin du XIXe siècle, on constatera que, ce qui avait conduit les partis politiques pros socialistes à avoir un esprit révolutionnaire et dictateur entre la révolution russe de 1917 et avant et après la Deuxième Guerre mondiale, c'est l'intransigeance et l'intolérance politiques des capitalistes ou des conservateurs. Ces derniers avaient trop d'influence sur la vie politique et, les ouvriers et le bas peuple étaient négligés, mal traités. D'où, l'unique moyen que les dirigeants ayant une vision politique concentrée sur le bien-être des ouvriers et du peuple avaient, comme on dit : « on ne peut faire d'omelette sans casser des œufs », était d'instaurer la révolution et la dictature pour empêcher les capitalistes d'avoir encore la mainmise sur la politique comme l'ont été la Révolution française et la dictature instaurée par les montagnards avec Robespierre. Ainsi, Albert Camus dans *Actuelles*, montre comment le parti socialiste français avait eu des difficultés pour appliquer la politique des socialistes alignée à la philosophie marxiste qui consistait à faire la révolution contre la dictature capitaliste, après la Deuxième Guerre mondiale lorsqu'il dit : "Ce qui nous paraît plus sérieux, au contraire, c'est d'essayer de comprendre la contradiction et la confusion où se sont trouvés nos socialistes. De ce point de vue, il est évident qu'on n'a pas réfléchi suffisamment à la crise de conscience du socialisme français telle qu'elle s'est exprimée dans un récent congrès. Il est bien évident que nos socialistes, sous l'influence de Léon Blum, et plus encore sous la menace des événements, ont mis au premier rang de leurs préoccupations des problèmes moraux (…) qu'ils n'avaient pas soulignés jusqu'ici. Leur désir légitime était de se référer à quelques principes qui fussent supérieurs au meurtre. Il n'est pas moins évident que ces mêmes socialistes veulent conserver la doctrine marxiste ; les uns parce qu'ils pensent qu'on ne peut être révolutionnaire sans être marxiste ; les autres, par une fidélité respectable à l'histoire du parti qui les persuade qu'on ne peut, non plus être socialiste sans être marxiste."[4]. À cet effet, au lieu de diaboliser les révolutions et les dictatures, il faut plutôt réfléchir sur les causes qui les entraînent pour qu'on y prenne garde. Car, le malheur de la politique est de lire les effets d'une action par la pratique au lieu de les comprendre et d'en répondre par ses causes. Pourtant on dit bien : « le mal se guérit par la racine non par ses effets ». On peut bien anéantir les effets, mais, si la cause est toujours là, c'est comme si on n'a rien fait. Aujourd'hui, nous devrons savoir que ce qui maintient l'équilibre entre les socialistes et les capitalistes ou entre les idéologies, c'est la peur de la guerre. C'est par cette peur que les hommes politiques terrorisent psychologiquement les citoyens pour profiter de leur naïveté et s'enrichir illicitement. Pendant que les pays capitalistes tels que la France, les USA, le Royaume-Uni, bref les pays de L'OTAN, terrorisent leurs peuples sur la guerre contre les pays socialistes tels que la Chine, la Russie et la Corée du Nord ; les pays socialistes font autant contre les pays de l'OTAN. De part et d'autre, on stigmatise les populations contre la guerre. Dans les nouvelles démocraties, on terrorise les populations contre les guerres intestines. On leur montre le danger des autres partis qui exposent les pays à un climat de guerre, d'insécurité. Les uns et les autres le font pour se maintenir au pouvoir ou protéger leurs systèmes. Car, quel problème les Américains et les Russes en tant que populations ont-ils pour se faire la guerre ? De même, quel problème les Mbochis, les Bacongos, les Bémbés comme les Tékés en tant que citoyens congolais ont-ils pour se faire la guerre ? Ce sont plutôt les hommes politiques, les croyances et les

---

[4] Albert Camus, *Actuelles*, écrits politiques, éd. Gallimard, Paris, 1950, P.125

idéologies religieuses qui poussent les peuples et les citoyens à avoir peur des autres. On les pousse à une crainte les uns envers les autres. Sinon, les hommes sont faits pour cohabiter, s'ils sont capables de se communiquer. Ce qu'il faut craindre est que, les peuples parviennent à le saisir et, au lieu que ce soit la guerre des idéologies, ce sera la guerre des peuples ou des citoyens contre les politiciens. La nouvelle ère de la chasse à l'homme se manifeste encore. Elle ne sera pas une chasse de l'homme politique contre ses opposants, mais celle des citoyens et des hommes politiques. J'invite les hommes politiques à le lire par les réactions actuelles des peuples.

Ce qui apparaît encore à la suite de cela est que, lorsqu'un pays fonctionne avec les partis politiques, il perd son unité nationale politiquement et s'affaiblit beaucoup et lorsqu'il vit avec le monopartisme ou sans partis, il garde son unité politique et consolide ses forces. Tel que pendant la Révolution française, l'unité du peuple dans le combat contre le pouvoir royal avait vaincu plusieurs armées pendant la prise de la Bastille. À partir de la convention, avec la présence des partis à l'hémicycle de l'État influençant la vie des citoyens, la France s'affaiblit et était facilement vaincue à l'extérieur. Pendant que les autorités comme Marat et Robespierre cherchaient à redorer son blason, ils n'arrivèrent pas parce que le pays était trop divisé politiquement et socialement. Le coup d'État de Napoléon Bonaparte qui le ramena à l'unité politiquement lui redonna aussi sa force pendant quinze ans. La faiblesse de la France devant l'Allemagne pendant les deux guerres mondiales peut s'expliquer aussi de la même manière. Car, pendant la Deuxième Guerre mondiale, au moment où l'Allemagne autour d'Hitler préparait la guerre, les Français trainaient encore dans l'opposition des partis alors qu'Hitler avait bien défini ses intentions contre la France. Et lorsque les Français se rendaient compte de la réalité de la guerre, l'Allemagne était déjà avancée. D'où Albert Camus dans *Actuelles* dit parlant de la deuxième guerre mondiale pour les Français : « Le temps témoignera que les hommes de France ne voulaient pas tuer, et qu'ils sont entrés les mains pures dans une guerre qu'ils n'avaient pas choisie. »[5]. De même, les monarchies saoudiennes et qataries plus l'Iran qui ont conservé leur unité politique, manifestent une force alors que l'Irak se détruit de plus en plus par la présence de l'opposition politique liée aux partis. Cela montre bien comment lorsque politiquement le pays est uni, il a toutes ses forces, s'il est divisé, il s'affaiblit. Il est donc mieux, impérieux de vivre l'unité nationale et travailler pour l'intérêt national au lieu de vivre avec beaucoup de partis qui ruinent la politique et affaiblissent un pays.

Je ne veux pas dire par là qu'il faille encourager le monopartisme, non, mon objectif est comme je l'ai déjà émis, de rendre la démocratie plus libérale en l'éloignant des partis ou du multipartisme qui ne sont là que pour faciliter les intérêts des partis politiques et de ceux de leurs membres. Je veux qu'on ait une démocratie sans partis politiques comme cela avait été à Athènes. Si les autorités politiques n'ont pas l'esprit des partis, ils auront celui de la nation. À la place où ils disent d'abord le parti, ils diront : d'abord la nation. Comme pour emprunter l'expression du feu honorable Wilfrid MPANZOU[6] : « le quartier d'abord ». Pendant que les politiciens dans leur vision politique pensent en premier le parti et le pays après avec la démocratie des partis politiques, ils n'auront que la

---

[5] Albert Camus, *Actuelles*, écrits politiques, éd. Gallimard, Paris, 1950, P.17

[6] Député de la 3e circonscription de l'arrondissement I MAKELEKELE, Brazzaville, Congo, de 2007 à 2014.

nation et les citoyens à penser non autre chose si la démocratie fonctionne sans partis politiques. Je ne veux pas ici revenir sur la démocratie et les partis politiques je l'ai déjà fait dans ma réflexion : *Pour une démocratie sans partis politiques* qui vient d'être publié.

En réalité, si on observe avec attention la gestion d'un pays, il apparaît qu'il y a une corrélation qui existe entre le régime politique et le système économique. La monarchie et les autres pouvoirs en dehors de la démocratie peuvent être capitalistes ou socialistes, cela dépend de l'assentiment de l'homme politique qui est en tête, mais par nature, la démocratie est socialiste. D'où lorsque la gestion capitaliste s'impose dans une démocratie, celle-ci, même si elle est réelle politiquement, semble ne pas exister. On se dit : il n'y a pas de démocratie et souvent on dit aussi que les partis républicains ne sont pas démocrates parce qu'ils n'appliquent pas le socialisme, ils sont capitalistes. Aussi, dans une monarchie ou dans une tyrannie, lorsque les populations revendiquent le caractère social de la gestion économique, le politique réagit en disant : nous ne sommes pas dans une démocratie. Comprenez !

Il ne faut donc pas confondre les régimes politiques et les systèmes économiques. À l'instar du troc qui a été le premier système d'échange et donc économique des sociétés, le socialisme et le capitalisme sont des systèmes économiques non politiques. Mais, chaque système correspond à un régime politique. A cet effet, comme on dit : il n'y a pas de politique sans économie ou, l'économie va avec la politique, le politique doit comprendre quel système économique correspond au régime en place pour ne pas créer des ennuis et éviter la confusion entre le système économique et le régime politique. Il faut savoir qui va avec qui. Tel que pendant que la démocratie athénienne à partir de Clisthène cherchait à concentrer les actions sur la cité pour mettre fin ou diminuer le clivage pauvre-riche ce qui est tout à fait une vision socialiste, la démocratie actuelle se concentre sur la privatisation des activités ce qui montre la gestion de plus en plus capitaliste et qui accroît de plus en plus le clivage pauvre-riche. L'analyse de ces deux gestions montre que la démocratie athénienne est autre que la démocratie moderne. On se préoccupe plus de l'enrichissement que de l'individu (du citoyen) dans la démocratie moderne, ce qui n'a pas été le cas dans la démocratie athénienne. Ici, l'enrichissement illicite était vraiment sanctionné. Or, dans la démocratie moderne, il est presque encouragé parce qu'on fait semblant de punir ceux qui le font alors qu'on se passe des dessous-de-table entre politiciens ou entre les politiciens et les commerçants. Pour faire taire l'homme politique que ce soit sur l'échelle nationale que ce soit sur l'échelle internationale, devant l'enrichissement illicite, on le corrompt. Et donc, au nom de l'argent on bafoue la loi.

- **Nature du socialisme et du capitalisme**

❖ **Le socialisme**

Ce mot est formé du radical « social » et du suffixe « isme » et, comme je l'ai déjà dit, que tous les mots qui prennent ce suffixe sont des noms qui indiquent un courant, une doctrine, un système ou une idéologie dont le sens est défini par le radical, le socialisme se définit comme une idéologie, un système dont la vision porte sur le social. C'est une doctrine qui repose sur l'intérêt de la société. Tout ce que l'on fait, on le fait pour le but ou l'intérêt de la société. Il exclut en soi l'intérêt individuel ou particulier dans l'action. Selon ce courant, l'homme doit agir en visant l'intérêt collectif non ses propres intérêts. Il faut protéger la société et le citoyen non les intérêts particuliers. Comme je l'ai déjà montré, il n'est pas un système politique, mais il est plutôt un système économique. En ce sens, Karl Marx le considère comme système de production et d'échange dont l'intérêt repose sur la société et le citoyen, il est pour cela proche du communisme. C'est une gestion économique qui met la cité, la société et le citoyen au centre de la production des biens et des échanges commerciaux. Il ne fonde pas les échanges économiques au profit, au bénéfice et aux propriétés privées comme l'est le capitalisme.

Si on analyse le socialisme bantou, on peut dire que le socialisme va du particulier au général, c'est-à-dire, il part de l'individu vers la communauté. Ce que l'individu produit, il le produit et le met au profit de la communauté. Comme un homme qui travaille au profit de la famille. Le père, comme la mère, dans une famille ne travaille pas seulement pour lui-même ou pour elle-même, mais il ou elle travaille au profit de toute la famille. Tous les biens qu'il ou qu'elle produira ne seront pas pour lui ou pour elle seul(e), c'est au nom de la famille. Car, ce qui préoccupe un parent responsable, ce n'est pas lui-même, mais la famille. Selon le caractère socialiste, ce que le parent est pour la famille, l'individu l'est pour la société. En d'autres termes, le moi produit au profit ou au bénéfice de la communauté non pour son propre intérêt. C'est le même esprit que nous retrouvons dans le socialisme biblique qui se manifeste par la fusion des biens des chrétiens de Jérusalem à travers le texte : « La multitude de ceux qui avaient cru n'était qu'un cœur et qu'une âme. Nul ne disait que ses biens lui appartenaient en propre, mais tout était commun entre eux… car il n'y avait parmi eux aucun indigent : tous ceux qui possédaient des champs ou des maisons les vendaient, apportaient les prix de ce qu'ils avaient vendu, et le déposaient aux pieds des apôtres ; et l'on faisait des distributions à chacun selon qu'il en avait besoin. »[7] Cela montre que le socialisme a un caractère humanitaire. Qu'on ait, qu'on n'ait pas, on aura toujours de quoi satisfaire le besoin sans dépenser quelque chose. Ce qui est à moi est à nous et ce qui est à nous est à moi. Il implique à cet effet le caractère associatif qui fait que mes problèmes sont ceux des autres et ceux des autres sont les miens. Bref, ce sont nos problèmes et cela développe en soi toutes les qualités de l'humanisme telles que l'assistance mutuelle, la bienveillance, la tolérance, la justice, la considération de l'autre, l'altruisme, la compassion, l'amour… Il veut réduire les inégalités sociales et l'indifférence pour une vie de plus en plus participative à la vie communautaire et à celle d'autrui. En ce sens, le socialisme nous éloigne des vices comme l'égoïsme, la violence, l'injustice, la non-assistance, l'exploitation de l'homme par l'homme. Je peux dire par là qu'il n'y a d'humanisme que dans le socialisme ou le communisme. Les sociétés basées sur le vrai socialisme développent effectivement le vrai humanisme. On peut le voir dans les églises, les religions, les mutuelles, les ONG et chez les sociétés qui sont jusqu'alors restées primitives tels les pygmées. Ils développent une solidarité et une assistance incroyables les uns envers les autres. Ce que les sociétés modernes soi-disant démocratiques ont perdu. On assiste les autres souffrir sans leur venir en aide ce qui n'était pas le cas dans la démocratie d'Athènes et dans la tradition bantoue. Car, là-bas, la tricherie, le vol, la corruption, la médisance, l'injustice entre citoyens étaient vraiment sanctionnés. Quelle est la réalité d'aujourd'hui avec la démocratie capitaliste ? C'est la corruption, la protection des malfaiteurs, le vol qui s'accroît au détriment de la

---

[7] Luc, *La Sainte Bible*, nouvelle édition de Genève, Genève, 1979, P.1090, soit Actes : 5 : 32-35

communauté. Les sociétés se divisent, les capitalistes profitent pour piller leurs biens.

Dans tous les cas, le socialisme est une idéologie économique dont la production et l'échange des biens reposent sur l'intérêt de la société et du citoyen. Tout ce qu'on produit, on le produit pour l'intérêt de la société et les échanges des biens se font au nom du citoyen et de l'intérêt général. Comme son radical : « *social* » l'indique ; le socialisme s'attelle sur tout ce qui est social : **bonne condition de vie de toute la société non des particuliers seulement**. Il veut diminuer l'écart trop criard qu'il y a entre les riches et les pauvres ce qui est même l'objectif de la démocratie.

❖ **Le capitalisme**

Formé du radical « *capital* » qui signifie : somme d'argent investie dans une entreprise ou une dette pour générer un intérêt et, du suffixe « *isme* » qui indique un courant, une idéologie ; le capitalisme est un courant ou une idéologie qui manifeste que l'homme doit engager un capital pour en tirer profit. On ne peut rien gagner sans investir. Il est contraire au socialisme où on peut gagner quelque chose même si on n'a rien investi. C'est une idéologie qui montre que toute action repose sur la recherche d'intérêt, du profit. Comme disent les utilitaristes : « **l'intérêt guide l'homme** », le capitalisme met l'intérêt personnel ou individuel au centre de toute action humaine. Dans ce qu'on fait, on ne vise pas la société, les autres, mais, on vise ses avantages son intérêt. On peut exploiter, tuer, assujettir les autres ; piller les biens de la cité, de l'État ou de l'entreprise ; ce qui compte pour le capitaliste, c'est l'intérêt individuel, son enrichissement. Dans ces conditions, ce qui guide l'individu, c'est gagner plus qu'importent les moyens par lesquels on y arrive. Ainsi, dans le domaine économique, Karl Marx, dans le *Capital* présente le capitalisme comme un système économique reposant sur le bénéfice, le profit. Ce qui apparaît dans la lecture de son œuvre est que, le capitalisme est un système ou un mode de production des biens. Ce système fonctionne avec deux types d'individus qu'il appelle : **classes sociales** : les bourgeois et les prolétaires ou les riches et les pauvres. Les bourgeois ont des moyens de production : le *capital* et les prolétaires apportent la force de production. Les bourgeois créent le travail des pauvres, des prolétaires. En créant ce travail, les bourgeois misent non sur l'intérêt commun avec les prolétaires, mais sur leurs propres intérêts. Ils cherchent à tirer plus de profit grâce au capital investi en appauvrissant de plus en plus les prolétaires. Tout du prolétaire est fixé ou défini par le bourgeois et Marx pense même que dans ce système, le bourgeois considère le prolétaire comme une machine, comme un sous-homme. Le prolétaire est donc assujetti, avili, il perd sa valeur dans ce système. Dans ce sens, il nous place devant l'adage : « *l'homme est un loup pour l'homme* ». Ce qui préoccupe le bourgeois, c'est exploiter le pauvre pour s'enrichir de plus belle.

Ainsi, le capitalisme est présenté par Karl Marx comme un système d'exploitation de l'homme par l'homme. Le bourgeois exploite le pauvre qui perd de plus en plus sa liberté et sa valeur d'homme. C'est un système qui est fondé sur les bases d'inégalité et fonctionne avec elles. Il est à cet effet inconfortable pour les prolétaires d'où Marx propose la révolution prolétarienne pour renverser cette condition et établir une société d'égalité basée sur le communisme.

D'une manière générale, nous pouvons dire que dans la production et l'utilisation des biens, contrairement au socialisme qui part du particulier au général, le capitalisme part du général au particulier. Autrement dit, quand dans le socialisme, ce sont les biens de l'individu qui sont mis au bénéfice de la société, dans le capitalisme au contraire, c'est la production de la société qu'on met dans le compte de l'intérêt d'un individu ou d'un groupe donné. Tout ce que la société produit profite seulement à un individu ou à un groupe donné non à la communauté tout entière. Le grand nombre produit, le bénéfice revient à un individu ou à un groupe. Dans le capitalisme, on fait travailler des gens pour l'intérêt des particuliers non au profit de tout le monde. Ce système fonctionne avec l'esprit des propriétés privées. Chacun cherche à défendre son intérêt au détriment de ceux des autres. Dans cette société, on peut beau souffrir sans qu'on ne voie quelqu'un vous venir en aide. Reposant sur l'intérêt et le profit, la morale prend un coup sévère dans cette société. L'exploitation de l'homme par l'homme comme je l'ai déjà dit est à la mode. On torture les autres, on les maltraite pour qu'ils restent toujours sous les sabots des riches, les riches se font des amitiés entre eux. Ils manquent de considération à leurs employés parce que, ce qui les préoccupe, c'est l'argent, le profit. Ils manquent d'assistance ; vivent plus dans l'injustice que dans la justice ; sont plus dans le mépris, la haine, la répugnance que dans l'amour, la bienveillance. Ils exercent moins l'hospitalité et l'aumône. Ils sont habités par l'orgueil au détriment de l'humilité. La compassion pour eux, c'est une cause d'appauvrissement, il faut s'en préserver. La tolérance est absente chez eux et ils vivent plus dans l'inimitié. Ils sont plus guidés par l'adage : « *si tu assistes neuf pauvres, le dixième sera toi-même* ». Dans ces conditions, il est difficile de parler d'humanisme dans une société capitaliste. On peut dire que la société capitaliste déshumanise l'homme. On ne participe pas ou on participe difficilement dans la vie d'autrui. Qu'il souffre, qu'il mange, qu'il ne souffre pas, qu'il ne mange pas, ce n'est pas mon problème. Je m'occupe de ma vie. On vit dans l'indifférence totale et la non-assistance d'autrui. Si on peut s'assister, on le fait par classe sociale. Les riches assistent les riches, les pauvres assistent les pauvres. Vivre à côté d'un pauvre provoque des frissons et la fièvre au riche. Il le salue ou le considère avec peine. Pour le riche, le pauvre, c'est l'objet de sa chute, il faut l'éviter et pour le pauvre, le riche, c'est Dieu, il faut le respecter, le vénérer. Le rapport qui se manifeste ici entre le pauvre et le riche est comme celui d'un homme intelligent et d'un idiot. L'intelligent se ragaillardit et l'idiot se rabaisse ou s'humilie. L'intelligent se transforme en maître, l'idiot devient son sac à dos ; il peut le manipuler comme il veut. Tout ce que l'intelligent dit à l'idiot, celui-ci le considère toujours comme vrai. Donc, il peut inventer des choses pour l'amadouer, il l'écoutera toujours. C'est la même chose entre le riche et le pauvre dans le capitalisme. Le riche a toujours raison devant le pauvre, c'est sa parole qui compte, le pauvre doit se soumettre et se plier.

Ces caractères ne reflètent en aucun cas la nature démocratique. La démocratie ne repose pas sur l'exploitation de l'homme par l'homme, elle repose plutôt sur la justice, le respect de la loi, le respect d'autrui. Les systèmes politiques qui correspondent à ces caractéristiques sont tous les autres systèmes politiques en dehors de la démocratie. D'où, comme la démocratie actuelle fonctionne avec les bases capitalistes, on ne la reconnaît plus et en Chine où on applique le socialisme, ils pensent être dans la démocratie populaire. Cela montre combien chaque système politique correspond à un système économique et on ne peut gérer la démocratie avec des bases capitalistes. C'est surement pour cette raison que lorsque Karl Marx propose le communisme à la place du capitalisme, il parle du passage à la démocratie. En effet, Marx pense que si les prolétaires arrivent à renverser le système de la classe dominante, en instituant le pouvoir ou la société d'égalité : le communisme, ça sera une démocratie comme il dit : « Nous avons déjà vu plus haut que la première étape dans la révolution ouvrière est la constitution du prolétariat en classe dominante, la conquête de la démocratie. »[8].

2- La question de la sécurité économique

❖ Qu'est-ce que la sécurité économique et comment s'explique-t-elle chez les capitalistes et chez les socialistes ?

La sécurité économique au regard des données historiques est une expression employée par les économistes et les politiciens pour parler de la stabilité économique dans un pays ou dans une entreprise. Elle consiste à amener et à maintenir un pays, une entreprise à la croissance économique contre la régression ou la récession. En effet, si on analyse cette vision, il se manifeste que, pour les économistes comme pour les politiciens, lorsqu'on entreprend une activité économique, on l'engage pour la croissance économique ou pour prospérer. Or, il arrive des moments où l'activité chute au lieu d'accroître. Ainsi, pour préserver l'économie contre ces éventuelles chutes, les économistes ont créé l'expression : sécurité économique. Quand dans la sécurité des hommes, on cherche à préserver les hommes contre la guerre en maintenant la paix, dans la sécurité économique on cherche à préserver l'économie contre la chute ou la

---

[8] Karl Marx, *Manifeste du parti communiste*, éd. du Progrès, Moscou, 1978, p.54.

régression pour la croissance. Cette question est donc l'une des préoccupations qui orientent le choix d'un pays dans la décision d'adopter un système économique. Les pays occidentaux et les USA pensent que le meilleur système économique pour la gestion économique d'un État, c'est le capitalisme. Donc, pour eux, les pays doivent être gérés économiquement avec des bases capitalistes. D'où se méfient-ils de la montée du socialisme dans le monde. Car pour eux, le socialisme est un système économique très fragile susceptible de conduire facilement à l'insécurité économique. Les pays qui connaissent ce régime s'exposent à des crises économiques incessantes. Pour être plus clair, selon les capitalistes, il n'y a pas de sécurité économique dans le socialisme. Ainsi, il faut fuir ce régime comme on fuit la peste. Du côté des pays socialistes dominés par la Chine et la Russie, c'est au contraire dans le capitalisme où on retrouve l'insécurité économique. Comme les pays à régime capitaliste ont peur de la montée du socialisme, ces pays ont peur que le capitalisme se rapproche de leurs territoires. Ils évitent que leurs pays soient influencés par ce système. Cette contradiction et cette crainte nées de la question de la sécurité économique avaient donc entraîné la division du monde en deux blocs : le bloc socialiste et le bloc capitaliste qui avaient failli entraîner le monde dans une nouvelle guerre. C'est, encore elle qui influence les débats sur les questions internationales lorsqu'il s'agit de décider à l'ONU sur l'avenir d'un pays en conflit. La Chine et la Russie forment souvent un même camp craignant que le capitalisme prenne le dessus sur le socialisme et les Occidentaux et les Américains forment un camp craignant de leur côté que le socialisme ne prenne de l'ampleur dans le monde. Chacun veut donc protéger son système à la merci des peuples opprimés, car lorsque la contradiction persiste par la peur de tomber dans un conflit entre les deux camps, on abandonne la question pendant que les peuples continuent à subir la tragédie. Là où la voix d'un camp ne s'oppose pas, la solution est vite trouvée ou on agit rapidement. C'est cette peur comme je l'ai déjà souligné ci-haut qui maintient la guerre en Syrie et qui est à l'origine de la guerre en Ukraine. Si nous voulons vraiment vivre la paix véritable, il faut nous détacher des préjugés, des fixettes qui hantent nos esprits sur les autres. Le monde capitaliste doit se détacher des préjugés qu'il a sur le monde socialiste et ce dernier doit faire autant sur le monde capitaliste. Car, les préjugés nous détournent beaucoup de la réalité. On croit penser le vrai or, parfois on est dans l'erreur et tant qu'on ne change pas ses idées, on reste dans l'erreur.

Selon les blocs capitaliste et socialiste, l'insécurité économique dépend du système économique. Chez les capitalistes, c'est le socialisme qui expose le pays ou une entreprise à la régression ou à des chutes économiques. Chez les socialistes, c'est au contraire le capitalisme qui entraîne à cela.

❖ Les vraies raisons de l'insécurité économique

Comme je l'ai déjà mentionné ci-haut, je ne fais pas ici une étude académique pour étaler les idées de ceux qui auraient déjà abordé cette question, mais, je fais une analyse des données historiques et de la pratique actuelle du pouvoir. Car, l'histoire nous permet de connaître le passé, régler le présent et prévoir le futur. À l'heure où l'histoire nous donne des possibilités de comprendre le passé, de régler le présent et de prévoir un futur meilleur, on peut se passer de certaines théories qui sont liées au passé pour se confier à ce que le présent nous dit réellement de la vie.

Les positions des différents blocs : capitaliste et socialiste sont entachées des influences doctrinales. Chaque bloc est influencé par sa doctrine. Car, comme dans le passé, tout reposait sur les doctrines, l'appréciation d'un système économique ne pouvait que subir l'influence de la doctrine. Et comme toute doctrine sous-entend une idéologie, chaque bloc était orienté par son idéologie. Les idéologies ont tendance à se repousser, elles se disent du mal les unes les autres. Aucune idéologie ne peut parler en bien de l'autre. Ce qui les préoccupe, c'est la destruction des autres, le souhait de la disparition des autres. Cet esprit ne date pas de la division du monde en deux blocs, mais il existe depuis des temps reculés. C'est par lui que les religions pourtant parlant de Dieu, père de l'amour, ne s'entendaient pas, que les églises issues d'une même religion s'opposaient farouchement. Par exemple, ce n'est qu'après avoir compris après maintes critiques, que le christianisme repose sur la tolérance que les catholiques et les protestants avaient fait la paix. Mais, jusqu'aujourd'hui, la méfiance demeure encore entre eux, ce qui maintenait la guerre en Irlande. De même, c'est à cause de leurs doctrines que les sunnites et les chiites s'opposent et se font la guerre alors qu'ils sont tous musulmans. C'est pour dire que là où il y a déjà des doctrines, il y a déjà opposition et on ne peut pas attendre qu'une doctrine nous parle du bien de celle qui lui est opposée. C'est ce que nous vivons entre le bloc capitaliste et le bloc socialiste. Il nous revient de le comprendre, pour repenser normalement les choses, car un esprit endoctriné est corrompu et est mal placé pour voir la réalité et dire la vérité. Il ne peut voir et dire que ce que pense sa doctrine. C'est pour cette raison que l'ONU connaît de sérieux problèmes dans la prise de décisions sur certaines questions internationales. Chaque camp veut préserver son idéologie. Ce qui ne profite pas aux peuples en situation.

À cet effet, les capitalistes comme les socialistes ont été et sont voilés par leurs doctrines respectives pour ne pas voir la réalité des choses sur l'insécurité économique en l'attribuant seulement au capitalisme pour les socialistes et au socialisme pour les capitalistes. Or, ce que les uns et les autres devraient comprendre est que : devant nos idées, il y a la force de la vie ou la force des choses à laquelle nous ne pouvons pas faire face. Il y a un adage français qui dit : « l'homme propose, Dieu dispose », ce qui signifie que l'homme peut bien projeter une action, mais sa réalisation relève du pouvoir de Dieu. Il est le libre arbitre permettant la réalisation ou non d'une action. Donc, l'homme peut prévoir, mais si la volonté de Dieu ou la réalité n'est pas pour la volonté de l'homme, on ne verra jamais l'action se réaliser comme prévu. Il est possible dans ces conditions de vivre le contraire. Cela veut dire que, l'insécurité économique est une réalité de la vie. On ne peut pas à tout moment prospérer, il y a des moments où on peut régresser ou connaître la chute et cela ne devrait pas nous paniquer parce que c'est cela le fonctionnement normal des choses. On peut dire que cela est substantiel à l'existence. Il est impossible qu'on soit à tout moment dans l'opulence, il y a aussi des temps de disette. Cela se manifeste non pas seulement dans une république ou dans une entreprise, mais il apparaît aussi dans nos vies individuelles. Personne ne peut dire que chez lui, tout marche à tout moment, qu'il n'a jamais connu de chute ou de régression. Quand on observe les phénomènes, on s'aperçoit que la saison sèche est une période de disette corporelle, car pendant cette saison les corps de chaque espèce perdent beaucoup de propriétés. L'observation de la vie manifeste en soi les hauts et les bas donc, par elle, on peut bien comprendre que l'économie nous place devant l'alternance entre la croissance et la chute ou la régression au lieu d'accuser les systèmes économiques.

Cela montre qu'on soit dans le capitalisme, qu'on soit dans le socialisme, on n'est pas exempt d'une crise économique. D'ailleurs, l'histoire nous montre des crises économiques dans les deux systèmes. La plus grande crise économique du monde de 1929 du bloc capitaliste n'était pas due à la présence du socialisme dans ce bloc. Elle l'était par d'autres raisons. En 1968, la France avait connu une crise sociale due à une crise économique. Et, en 2008, le monde avait connu une autre crise économique qui avait épargné la Chine. De même, dans les années 88-89, la crise qui avait conduit le bloc soviétique à la perestroïka n'était pas due à la présence du capitalisme dans ce bloc. De part et d'autre, il y a des crises économiques qui ne s'expliquent pas par la présence d'un système à l'intérieur d'un autre. Elles s'expliquent par la réalité des choses. Par exemple pendant la fin de la Première Guerre mondiale, au moment où le monde capitaliste voulait lutter contre la crise économique sur le plan du déficit, il était tombé sur la crise de la surproduction qui finalement l'entraîna à la chute économique. Personne n'avait prévu cela, car ce qu'on voyait dans la production, c'était la croissance. De même, l'analyse du monde ne nous dit pas que seuls les pays capitalistes sont riches et seuls les pays socialistes sont pauvres ou vice versa. Des deux côtés, il y a des pays pauvres et des pays riches. Donc, ce n'est pas le système économique qui justifie la pauvreté d'un pays, le capitalisme et le socialisme ne sont pour rien, c'est la gestion politique qui en est la véritable cause. Cela m'amène à dire que face aux vices et à la violence sans fondement essentiel à l'existence, mais issu seulement des contradictions idéologiques politiques, nous devons nous révolter contre les idéologies. Les peuples doivent apprendre à dire non aux idéologies, car, elles sont la cause de plusieurs maux, de plusieurs angoisses. J'ai dit ci-haut que depuis très longtemps, les idéologies n'ont cessé de diviser et de causer plusieurs guerres entre les peuples et entre les royaumes. Les premières idéologies se manifestent si on observe avec attention l'histoire des sociétés et celle du monde par la croyance. En effet, la lecture des données historiques nous montre que dès les premiers moments de la croyance en Dieu, les sociétés comme les royaumes n'avaient pas les mêmes croyances. Dans une société, les tribus ou les ethnies pouvaient avoir des croyances différentes. De même, entre les royaumes, on pouvait avoir des croyances différentes. Ainsi, chaque croyance formait en soi une idéologie qui s'opposait aux autres, surtout dans les religions monothéistes. Cette situation avait causé beaucoup de divisions des territoires et des guerres entre les royaumes. Dans la Bible par exemple dans l'Ancien Testament, les croyances autres que celle de Jahvé sont interdites. Tous les peuples qui ne croient pas au Dieu d'Abraham doivent être bannis. On ne peut pas collaborer avec eux. La présence d'une autre idéologie supposait la méfiance non la tolérance, l'assistance et la bienveillance. On se repoussait au nom de la croyance et donc de la doctrine ou de l'idéologie. Après cette forme d'idéologie ou de doctrine, nous avions les idéologies reposant sur la politique. Des ethnies, des tribus comme aussi des royaumes se sont opposés le long de l'histoire au nom des idéologies politiques. Par exemple, Sparte n'avait cessé d'être en guerre avec Athènes à cause de l'idéologie politique. Sparte gérée par les tyrans était gênée de voir la démocratie prendre de l'ampleur à Athènes. Enfin, dans la pratique des échanges économiques, il était aussi apparu deux idéologies : le capitalisme et le socialisme. La lutte entre ces deux idéologies n'a cessé de nous entraîner dans des conflits sans précédent. Aujourd'hui, ces trois types d'idéologies ne cessent d'influencer notre vie. On s'oppose soit par la croyance, soit par l'idéologie politique, soit par celle de l'économie. Cette opposition nous amène des conséquences néfastes incalculables. Par exemple, les idéologies politiques et économiques avaient entraîné la division de plusieurs pays en deux tels que l'Allemagne, le Vietnam et la Corée. Cette division n'avait pas seulement entraîné la division des pays, mais aussi celle des familles. Beaucoup de familles étaient divisées en Allemagne, au Vietnam avant leurs réunifications et beaucoup le restent encore entre les deux Corées. Au nom des idéologies, ces familles se fréquentent rarement. Or, il n'y a pas quelque chose de plus horrible, de plus inhumain que de séparer une famille sans son consentement. Je ne sais pas si les défenseurs des idéologies se mettent à la place des familles séparées par la force car, il y a moins de douleur lorsqu'un parent se sépare de l'autre par opposition familiale que lorsque cette séparation est causée par une force extérieure à la famille. De même, le long de l'histoire et jusqu'à nos jours les idéologies ne cessent de causer beaucoup d'immigrés. Le monde humain s'est créé des problèmes par la présence des idéologies, problèmes qu'on n'arrive plus à résoudre. Or, avec la compréhension actuelle des choses qui nous montre que nous nous opposons à cause des idéologies et que celles-ci naissent par le refus de la réalité en se fixant les choses par l'idée ; il y a lieu de lire, de comprendre et de vivre les choses selon la réalité. En effet, si on observe les choses dans leur réalité, il apparaît que le monde se manifeste à nous tel qu'il est, mais nous lui donnons une orientation. Celle-ci devient une idéologie lorsqu'elle est admise par plusieurs personnes. On pense à ce moment-là qu'on ne peut vivre que tel qu'on pense la vie. D'où, ceux qui croient en un Dieu donné pensent que seul ce Dieu doit être honoré, les autres, il faut les écarter et ceux qui croient en eux sont des ennemis tant qu'ils ne se convertissent pas. C'est cela qui cause des problèmes en Turquie, en Irak, en Syrie. Les tribus ou les ethnies ayant des croyances ou des idéologies différentes se repoussent ; elles ne veulent pas cohabiter et c'est le même problème qui oppose Israël et la Palestine. De même, lorsqu'on établit des principes pour la conduite des hommes, ceux-ci deviennent comme une idéologie et tous ceux qui ne se conforment pas à ces principes sont punis au nom de la loi. Pourtant, les principes ne reflètent pas parfois la réalité, cependant en leur nom, on fait souffrir des gens. C'est la même réalité que nous avons dans la gestion politico économique. Les démocrates veulent que seule la démocratie soit l'unique régime pour la gestion de l'État comme les monarques veulent que ça soit la monarchie. Les capitalistes veulent qu'on gère l'économie de manière capitaliste et les socialistes veulent qu'elle le soit par le socialisme. Ces oppositions idéologiques sont à l'origine de plusieurs malheurs et de beaucoup de souffrance des hommes. Si on peut chercher d'abord la réalité des choses, j'espère qu'on ne vivrait pas le chaos que nous vivons depuis longtemps. Par exemple, sur la croyance, on devrait déjà comprendre que dans les peuples, il y a une croyance en Dieu ou à des dieux. Cette croyance n'est pas admise par tous. D'où nous avons dans un même peuple les croyants et les non-croyants. La diversité des sociétés ne peut pas nous permettre d'avoir une seule croyance. Donc, il est possible que nous croyions en Dieu de manière diverse. Que l'on soit au plan interne des peuples, ou sur le plan des sociétés diverses, les choses étant par nature contradictoires ; on ne peut avoir les mêmes croyances et à côté des croyants, il doit y avoir obligatoirement des non-croyants. C'est ça la réalité de la vie. On ne peut donc forcer les gens à adhérer à une croyance ou à respecter la doctrine d'une religion donnée. Tel est le principe de la liberté de croyance. Si on comprend les choses de cette manière, la violence issue des croyances cessera. Au niveau politico économique, la réalité des choses nous amène à la diversité des régimes politiques et à deux systèmes scientifiques économiques. Cette réalité nous dit que conformément au principe qui stipule qu'il n'y a pas de politique sans économie, il faut par rapport à la diversité des régimes politiques et à deux systèmes économiques, lier le régime politique et le système économique par leurs natures. C'est ainsi que j'ai montré ci-haut, que la nature de la démocratie et celle du socialisme montrent que la démocratie va avec le socialisme. Quand on la gère avec le capitalisme, elle perd son sens, sa substance. Cette relation de la démocratie avec le socialisme nous la retrouvons dans la première gestion de la démocratie à Athènes et chez les sociétés ayant un caractère social-démocratique. Si la démocratie moderne avait cette réalité, on ne parlerait pas aujourd'hui du capitalisme en démocratie et la démocratie ne poserait pas problème. Car, ce qui pose problème dans la démocratie moderne, c'est la présence des partis soutenus par des idéologies socialiste et capitaliste, islamique et chrétienne. Ainsi, pour mettre fin aux problèmes que l'humanité vit au nom des idéologies, il y a une nécessité que les peuples reconnaissent la dangerosité des idéologies, de rechercher la nature des choses et de vivre selon elle. Il faut donc se révolter contre les idéologies. Ceux qui les soutiennent en tirent profit, car ils savent que si les choses se vivent telles qu'elles sont ou qu'on les fait telles qu'elles apparaissent, ils n'en profiteront pas. Il revient pour cela aux peuples d'être vigilants devant les idéologies, car il y a des souffrances que nous pouvons éviter en nous éloignant des idéologies. Ne pensons jamais que ce qu'on nous dit sans voir la réalité des choses est vrai. Celui qui crée une idéologie cherche à en tirer profit après. Il n'y a qu'à le voir avec les capitalistes et les religieux. L'existence de l'humanité présente une réalité que les idéologues ou les idéologies ne saisissent pas comme qui dit : les phénomènes sont autres que les idées pures. La réalité de l'humanité nous amène à nous concevoir comme un corps où chacun ou chaque culture est comme un membre contribuant à son fonctionnement et où dès qu'un membre est touché, c'est tout le corps qui l'est. L'analyse actuelle du monde humain nous montre bien que chaque partie du monde a besoin des autres comme les membres d'un corps manifestent un besoin mutuel. L'œil a besoin de la tête pour se fixer, des pieds pour obtenir ce qu'il voit de loin. Les pieds ont besoin du cerveau pour se mouvoir. Chaque membre du corps joue un rôle nécessaire pour les autres. C'est ce que les différentes parties du monde manifestent aujourd'hui les unes envers les autres pour plusieurs raisons telles que le commerce, l'assistance, la santé… Ce que les parties du monde manifestent pour l'humanité, les ethnies, les croyances le manifestent pour les nations. Cependant, les idéologies veulent nous maintenir dans un esprit d'opposition, de division. Les idéologies sont vraiment dangereuses qu'il faille nous révolter contre elles. Car, une chose a interpelé ma conscience sur la croyance dans les cultures polythéistes et animistes.

En effet, selon les formes de croyance, il y a l'animisme [9], le monothéisme [10] et le polythéisme [11]. Lorsqu'on examine avec attention l'histoire de ces croyances, il apparaît que dans les cultures où les habitants sont animistes ou polythéistes, il n'y a jamais eu de guerre ou de conflits au nom de la croyance. Ces cultures acceptaient et acceptent déjà en soi par leur nature la liberté de croyance. Car, lorsque ceux-ci croient par

---

[9] Croyance aux choses animées ou aux totems.
[10] Croyance en un seul Dieu.
[11] Croyance en plusieurs dieux.

exemple au hibou, d'autres peuvent croire à un veau et d'autres encore à un chêne. Cette opposition n'entraîne pas souvent les guerres ou les conflits. Les populations vivent avec cette différence. Par exemple, les Grecs étaient polythéistes à l'antiquité, on n'a jamais lu dans l'histoire que cette croyance les opposait. De même l'histoire nous enseigne que les Égyptiens étaient aussi polythéistes à la même période, il n'y a jamais eu de conflit de ce genre. Or, l'Égypte aujourd'hui est dans l'intolérance religieuse suite à l'islamisation de ce pays intervenu dans son histoire. Aussi, d'après l'enseignement que j'ai reçu de mes grands-parents, avant chez les Kongo, il y avait plusieurs croyances. Le nom « Mpungu »[12] était accompagné d'un qualificatif pour indiquer le Dieu dont on parlait. Ainsi, nous avions par exemple, « Mpungu tu lendo » qui indiquait le Dieu tout-puissant, « Mpungu mvouaza » qui indiquait le Dieu de la confusion. Comme aussi, on parlait de « Nzambi mamba » (Dieu de l'eau), Nzambi à ntonto » (Dieu de la terre), nzambi za mongo » (Dieu de la montagne), etc. Ces croyances n'étaient pas toujours admises dans tous les clans, on croyait parfois différemment à ces dieux. Donc, il y avait ceux qui croyaient au Dieu tout-puissant comme il y avait aussi ceux qui croyaient au Dieu de la confusion. Cette différence de croyance ne faisait pas que les gens ne puissent pas cohabiter. Au contraire, elle faisait une force pour répondre à certains problèmes. Par exemple, les « kichis »[13] n'étaient pas traités par les mêmes familles. La diversité de croyances faisait que la maladie qu'on ne pouvait pas guérir dans telle famille par rapport à sa

---

[12] « » Mpungu » » : l'une des désignations de Dieu dans la langue kongo

[13] Mot désignant les maladies mystiques telles que la folie et la drépanocytose dans la langue kongo

croyance pouvait être guérie par une autre famille n'ayant pas la même croyance que celle du membre malade. Donc, la différence de croyance n'était pas un problème qui pouvait déstabiliser les villages ou les habitants d'un même royaume. La guerre des religions qui apparaît comme la guerre des idéologies se manifeste plus dans les religions monothéistes. Ces religions formant des doctrines fortes forment leurs adeptes contre les autres religions. Elles cherchent à détruire les autres en les considérant comme ne venant pas de Dieu. Ainsi, comme chacune veut sauvegarder son existence, il y a une lutte qui apparaît. L'Ancien Testament de la Bible, les guerres menées par le prophète Mahomet contre les juifs au début de l'Islam et la guerre des religions en France au XVIe siècle l'attestent bien. Et jusqu'aujourd'hui, ce conflit ne prend pas fin, car, les islamistes radicaux ou les *djihadistes* continuent à tuer les gens au nom de la religion. Ce qui à mon avis n'a plus de sens.

Si on analyse donc avec attention l'animisme, le monothéisme et le polythéisme, on s'aperçoit rapidement que, ne reposant pas sur des doctrines bien construites, l'animisme et le polythéisme sont des croyances de paix et acceptent par essence la liberté de croyance. Cependant, le monothéisme se fondant sur une doctrine forte et radicale est intolérant, il entraîne la guerre et ne reconnaît pas la liberté de croyance. Ce que le christianisme et le judaïsme sont devenus, c'est-à-dire, s'ils implorent la tolérance, n'est que l'effort accompli par les philosophes pendant le Siècle des lumières et les conséquences néfastes subies par l'Europe au nom de la guerre des religions dans son histoire. Ces deux religions par leur intolérance n'avaient cessé de causer de sérieux problèmes dans l'histoire de l'Europe d'abord entre les juifs, les chrétiens et les musulmans et ensuite entre les chrétiens après les réformes des protestants. Je voudrais relever par là qu'en réalité, la liberté de croyance n'est pas nouvelle dans les cultures animistes ou polythéistes, elle l'est plutôt dans les cultures monothéistes. D'où, elle pose souvent problème dans les pays influencés par le monothéisme. L'esprit d'idéologie qui se manifeste dans les religions monothéistes et qui est intolérant n'est autre que celui que nous retrouvons dans la politique actuelle des idéologies des partis et des systèmes économiques qui gâchent l'image de la démocratie. D'où, il est impérieux que les populations apprennent à se révolter contre les partis et les idéologies en cherchant à vivre selon la réalité des choses non selon les idées factices.

À côté de cette raison existentielle, on peut noter d'autres raisons comme : les mauvaises ambitions politiques, l'instabilité politique, les inégalités sociales, la course à l'enrichissement, l'enrichissement illicite.

- **De mauvaises ambitions politiques**

Cette raison se manifeste dans plusieurs cas de la gestion politique des pays ou des royaumes. En effet, j'entends par ambitions politiques, les projets politiques conçus par les autorités politiques pour un pays donné. Ces ambitions ou ces projets sont nombreux parmi lesquelles nous avons les bonnes et les mauvaises. Penser par exemple au développement économique et social d'un pays est une bonne ambition, mais penser à la guerre et à l'annexion des autres territoires est une mauvaise ambition. Car, dans l'histoire du monde tous ceux qui avaient des ambitions guerrières avaient fini par ruiner leur pays. Un roi si fort ou si faible soit-il, dès qu'il engage son royaume dans la guerre intestine ou extérieure, il l'expose à la ruine. D'où il faut avoir l'ambition de la paix pour la gestion de la cité. Athènes, au moment de la démocratie l'avait certainement compris voilà pourquoi elle avait cherché la paix avec ses opposants. C'est en ce moment aussi qu'elle avait prospéré. Dès qu'elle était replongée dans les guerres, elle avait perdu sa croissance. L'esprit de l'Antiquité qui se fondait sur les conquêtes ne permettait pas au royaume d'être stables économiquement. Et chaque fois qu'un pays signait la paix, la croissance économique se manifestait. Non seulement que les guerres intestines ruinent les économies des pays, les guerres entre États ou entre royaume le sont aussi, car, dans l'esprit de guerre Louis XIV avait ruiné la France, Charles Ier, l'Angleterre et Hitler, l'Allemagne. C'est pour dire que les guerres, quel que soit leur niveau, ne sont pas bonnes. Elles ruinent l'économie et le développement. Si chaque homme politique pouvait chanter avec le griot congolais Casimir ZOBA dit ZAO : « la guerre, ce n'est pas bon, ce n'est pas bon », ce serait bien pour toutes les nations. De même, pour éviter la ruine d'un royaume, Jésus-Christ dans la Bible propose au roi avant de faire la guerre d'analyser d'abord sa force et s'il se rend compte que son armée est plus faible par rapport à celle de l'autre, il peut s'engager à faire la paix avant la guerre, comme il dit : « Ou quel roi, s'il va faire la guerre à un autre roi, ne s'assied d'abord pour examiner s'il peut, avec dix mille hommes, marcher à la rencontre de celui qui vient l'attaquer avec vingt mille ? S'il ne le peut, tandis que cet autre roi est encore loin, il lui envoie une ambassade pour demander la paix » [14]. Quand j'analyse cette idée, j'aboutis au fait que vaut mieux préserver la paix pour le bien-être du royaume donc, de l'État que de l'exposer à une guerre qui peut le conduire à la ruine.

---

[14]Luc, *La Sainte Bible*, nouvelle édition de Genève, Genève, 1979, p.1041, soit Luc : 14 : 31-32

- **De l'instabilité politique**

L'instabilité politique est le fait qu'un pays connaisse des guerres ou ne soit pas stable dans ses régimes politiques. Nous remarquons que certains pays changent de régimes à tout moment, on va d'un régime à un autre et cela en un temps record. Ce phénomène est aussi l'une des grandes causes de l'insécurité économique. Quand un pays est toutefois en guerre, comme nous venons de le voir, il ne peut pas prospérer, au contraire, il ne peut que régresser économiquement. De même, un pays qui n'a pas de régime politique fixe ne peut voir son économie prospérer. Car chaque fois que le régime change, il faut recommencer l'économie à zéro. Ce qui n'arrange pas son développement. Cette raison a beaucoup entaché la croissance économique dans beaucoup de pays africains voire du tiers monde. Aussi, la France après la deuxième guerre mondiale à cause de l'instabilité des gouvernements avait-elle des difficultés pour relancer son économie. Il avait fallu la nouvelle république (la Ve) pour la relancer. Il faut donc des régimes stables et forts pour faciliter la croissance économique d'un pays.

- **Les inégalités sociales**

On appelle inégalité sociale, la différence criarde qu'il y a sur le niveau de vie entre les citoyens dans un même État. D'aucuns se demanderont, comment ces inégalités peuvent-elles être une cause d'insécurité économique ? Oui ! Les inégalités sociales sont une cause d'insécurité économique. En effet, la vie est par nature contradictoire. Chaque réalité a toujours son contraire : le bien, le mal ; le faux, le vrai. À cet effet, la vie sociale ne peut pas être exempte de cette réalité, à côté des riches, il y a des pauvres. Ce qui explique donc les inégalités sociales. L'examen profond de la vie nous amène à constater que l'inégalité sociale est un fait lié à l'existence même des choses. Cependant, dans la pratique, cette réalité est présentée comme une injustice. Lorsque certains sont trop riches et vivent bien alors que les autres sont trop pauvres et vivent mal, on présente cette situation comme une injustice. On réclame que les hommes aient les mêmes avantages, les mêmes conditions de vie. Cette réclamation fait que les pauvres se sentent lésés et finalement réclament les conditions égales avec les riches. De leur côté, les riches ne veulent pas partager leur richesse avec les pauvres. Ainsi, il se manifeste une contradiction farouche entre les riches et les pauvres entraînant des conflits intestines. Par exemple, le problème de l'occupation des terres couramment appelé : problème agraire avait causé et cause jusqu'aujourd'hui des conflits entre les propriétaires des terres et ceux qui n'en ont pas. Dans la vie pratique, nous constatons que lorsque les inégalités sont trop remarquables, cela entraîne des actions inconfortables pour l'économie, telles que les vols d'argent, les grèves, les révoltes citoyennes, les émeutes. Les inégalités sociales déstabilisent beaucoup la vie sociale et donc économique lorsqu'elles sont à l'origine des conflits.

- **De la course à l'enrichissement**

Couramment appelée la concurrence en économie, la course à l'enrichissement est aussi l'une des causes de l'insécurité économique. En effet, on appelle concurrence, le fait que deux ou plusieurs entreprises produisent un même produit et chacune d'elle veut en produire plus que les autres. Cet esprit est provoqué par le souci de s'enrichir, le goût d'avoir plus d'argent que les autres. Alors, lorsqu'il habite toutes les entreprises, il entraîne la course à l'enrichissement. Chaque entreprise se fixe seulement sur ses avantages sans tenir compte de ce que cet esprit peut entraîner. Ainsi, quand toutes les entreprises agissent ainsi, on peut aboutir à la surproduction qui peut entraîner la baisse des prix et provoquer la chute des entreprises, car il y a un principe économique qui dit : abondance et bon marché ne sont pas la richesse, disette et cherté sont la pauvreté, abondance et cherté sont l'opulence. Ce principe montre que lorsqu'on produit beaucoup et qu'on vend moins cher, on ne peut pas s'enrichir comme lorsqu'on produit moins et qu'on vend cher, on ne peut non plus s'enrichir, on s'enrichit lorsqu'on produit beaucoup et qu'on vend au prix normal. La course à l'enrichissement expose les entreprises à la pauvreté si elle n'est pas bien orientée. Tel qu'a été le cas de la crise économique de 1929.

Sur le plan social, quand les citoyens se livrent à cette course, ils ne tiennent plus compte de l'intérêt de la cité ou de l'État. Ils pillent les biens de l'État, détournent les fonds publics, s'exploitent les uns les autres, la corruption s'accentue. Ils cherchent à s'enrichir illicitement au détriment de l'économie de l'État. Ce qui les préoccupe, c'est leurs richesses, l'économie du pays, ce n'est pas leur problème.

- **Quelles solutions peut-on proposer face à ces causes ?**

Pour remédier à ces causes, il faut analyser cause par cause.

Si on cherche comment mettre fin à la dualité de la vie, c'est-à-dire, au clivage pauvre-riche, on travaillera en vain. Car, même si l'homme pense qu'il est possible de changer le destin, donc le cours naturel des choses, il y a des réalités qui résistent au changement. Tel qu'on ne peut pas changer le destin de la femme qui consiste à porter la grossesse et enfanter, comme on ne peut demander à la tête de ne pas faire pousser les cheveux. Il y a donc des réalités auxquelles on ne peut pas faire face comme on peut dire, il y a des choses qui sont en notre pouvoir, que nous pouvons changer et celles qui ne le sont pas que nous ne pouvons donc pas changer. Ainsi, la dualité de la vie est l'une des réalités que nous ne pouvons pas changer, qui résiste à nos idées. Notre intelligence, notre force sont limitées pour résoudre cette question. Chercher à le faire, c'est tomber dans l'utopie, des contradictions ou dans l'énigme. A cet effet, devant cette difficulté, il faut plutôt prévenir l'homme de cette réalité, que de lui montrer qu'il est possible de mettre fin à la pauvreté. Il faut lui montrer que, comme la nature a voulu que les choses se vivent dans la contradiction, dans l'opposition, il n'est pas possible de mettre fin au clivage pauvre-riche. Nous pouvons nous engager, mais si la réalité reste telle, il ne faut pas nous étonner. Car, quand notre esprit se précipite au changement, les faits étant têtus résistent parfois à ce changement. La résistance au changement fait partie de la nature de certaines réalités. Il faut donc plutôt préparer l'homme pour cette réalité comme les épicuriens, les stoïciens et les croyants préparent leurs adeptes en leur montrant : qu'il y a des choses qui ne relèvent pas de notre nature et auxquelles nous ne pouvons pas faire face. La vie est mieux à vivre telle qu'elle nous apparaît que de la vivre telle que nous la pensons, nous l'imaginons. Cette préparation fera que quand chacun sera dans telle ou telle autre condition, il sera à mesure de la supporter et à faire ce qui est en son pouvoir. Le riche comprendra que ce n'est pas par fainéantise que le pauvre est pauvre, il comprendra qu'il l'est par la force des choses. Il saura en ce moment jouer son rôle devant lui au lieu de le maltraiter et de l'appauvrir davantage. Car, comme nous ne choisissons pas de venir au monde, nous ne choisissons non plus notre condition. Si, on pense qu'on devient riche par ses propres efforts, il faut se démentir. Cela résulte du fait que l'homme refuse ou néglige souvent le destin en pensant que nous réussissons par nos propres efforts. À cet effet, on pense que le pauvre ne fait pas des efforts pour changer sa condition. Ce qui est tout à fait irraisonnable. Pour moi, on devient riche non par ses propres efforts, mais parce que le destin l'aurait voulu. Sinon, comment expliquer qu'il y ait des gens qui soient riches par héritage, par escroquerie, par corruption, bref par des voies inappropriées à l'effort. Ceux qui sont riches par ces voies, quels efforts accomplissent-ils ? De même, il y a ceux qui font des efforts pour être riches comme le font les autres, leur travail se réduit en vain. Ils finissent parfois par perdre ce qu'ils engagent. Ils ont beau faire, ils ne deviennent pas riches. Alors que d'autres engagent une petite activité qui à la fin les rend riches. Eux-mêmes parfois ne comprennent pas comment ils le deviennent. Ils s'en remettent souvent à la chance, donc au destin. Si, on arrive à saisir les choses ainsi, on cessera de s'accuser mutuellement et j'espère que le riche saura comment participer à la vie du pauvre. Car, si tout le monde est commerçant, qui achètera chez l'autre. Ainsi, il y a un adage qui dit : « que le riche soit là que le pauvre aussi soit là, ça fait l'harmonie de la vie ». Dans certaines réalités, le destin nous suit, il s'impose à nous.

Sur les autres causes : l'instabilité politique, les inégalités sociales et la course à l'enrichissement les mesures que les États prennent déjà restent valables. Tels que : éviter les guerres, la concurrence, la corruption, l'enrichissement illicite ; diminuer les inégalités sociales. Cependant, comme je viens de le dire, on peut bien penser, mais la réalité est autre. Donc, là aussi, on a besoin de préparer l'homme contre l'instabilité politique, les inégalités sociales criantes, la concurrence et l'enrichissement illicite.

3- Le problème des pouvoirs totalitaires

Dans l'histoire de la vie politique, plusieurs concepts sont utilisés pour indiquer soit un régime politique, soit un système de gestion économique. Le concept totalitaire dans la gestion économico politique avait commencé à influencer le monde avec l'esprit de la montée du socialisme comme mode de gestion économique au détriment du capitalisme. En effet, comme je l'ai déjà souligné, faire du socialisme un système politique, relève seulement d'une confusion historique. Quand on examine l'histoire de la philosophie politique et même la pratique de la politique, on s'aperçoit que le socialisme apparaît plus un système économique qu'un système politique. Car, si on interroge profondément son but, il se manifeste que le socialisme est d'abord et avant tout vu comme un mode d'échange, une manière de vivre, un procédé commercial puisque son objectif est que, dans ce qu'on fait, il faut fixer l'intérêt de la communauté et du citoyen non l'intérêt individuel ou d'un groupe donné. Il consiste à mettre ses avantages au profit de la société. Donc, c'est le contraire du capitalisme dont le but économique repose sur le profit, l'intérêt individuel. De même, quand on parle des partis socialistes, on ne voit pas la politique puisqu'on est en démocratie ou dans le multipartisme ; on s'intéresse à la gestion sociale ou à l'économie. Les partis socialistes ne veulent pas changer la forme du pouvoir, mais ils veulent appliquer la social-démocratie dans la gestion de l'État. Mieux, ce qui oppose les partis socialistes et les partis capitalistes, ce n'est pas le régime politique, mais c'est la gestion économique. Certains se fondent sur Karl Marx pour montrer que, c'est à partir de lui que ces deux systèmes sont présentés comme à la fois système économique, politique et social. Or, Marx indique bien le sens du mouvement de la classe ouvrière. La révolution dont il fait état se manifeste selon deux systèmes : le système économique en remplaçant le capitalisme par le socialisme ou le communisme et le système politique en remplaçant le système en place par la démocratie selon le texte ci-dessus cité. Politiquement, il est pour la démocratie et économiquement, il est pour le socialisme donc le communisme. L'analyse de la vision de la philosophie marxiste montre que dès que le système de production et d'échange de biens change, la gestion politique change aussi. C'est pour cette raison qu'il pense que les prolétaires doivent instaurer le communisme dans la gestion économique au détriment de la gestion bourgeoise basée sur la propriété privée et le pouvoir qu'ils mettraient en place, c'est la démocratie. Dans tous les cas, si on ne fait pas très attention, il y a une confusion qui apparaît dans l'usage des concepts socialisme et communisme. Dans certains textes, ils apparaissent comme la gestion politique. Cependant, Marx parle plus des modes de production et des échanges des biens quand il parle des sociétés capitalistes et des sociétés socialistes. Cela se manifeste à travers les mesures qu'il propose pour la gestion du communisme dans les différents pays quand il dit : « ..., les mesures suivantes pourront assez généralement être mises en application : 1. Expropriation de la propriété foncière et la rente foncière aux dépenses de l'État. 2. Impôt fortement progressif. 3. Abolition de l'héritage. 4. Confiscation des biens de tous les émigrés et rebelles. 5. Centralisation du crédit entre les mains de l'État, au moyen d'une Banque Nationale, dont le capital appartiendra à l'État et qui jouira d'un monopole exclusif. 6. Centralisation entre les mains de l'État de tous les moyens de transport. 7. Multiplication des manufactures nationales et des instruments de production ; défrichement des terrains incultes et amélioration des terres cultivées, d'après un plan d'ensemble. 8. Travail obligatoire pour tous ; organisation d'armées industrielles, particulièrement pour l'agriculture. 9. Combinaison du travail agricole et le travail industriel ; mesures tendant à faire disparaître graduellement la distinction entre la ville et la compagne. 10. Éducation publique et gratuite de tous les enfants. Abolition du travail des enfants dans les fabriques tel qu'il est pratiqué aujourd'hui. Combinaison de l'éducation avec la production matérielle, etc. »[15] Ensuite, dans *L'idéologie allemande*, parlant du communisme il écrit bien : « Le communisme se distingue de tous les autres mouvements qui l'ont précédé jusqu'ici en ce qu'il bouleverse la base de tous les rapports de production et d'échange antérieurs et que, pour la première fois, il traite consciemment toutes les conditions naturelles préalables comme des créations des hommes qui nous ont précédés jusqu'ici, qu'il dépouille celles-ci de leur caractère naturel et les soumet à la puissance des individus unis. De ce fait, son organisation est essentiellement économique, elle est la création matérielle des conditions de cette union ; »[16]. On voit bien que dans ses mesures et dans sa vision du communisme, Marx présente plus l'organisation sociale non politique comme l'avait fait au contraire par exemple Platon dans *La République,* Montesquieu dans *De l'esprit des lois,* Jean-Jacques Rousseau dans *Du contrat social.* Ces trois auteurs dans ces œuvres étaient concentrés plus sur l'organisation politique. Or, Marx ne nous dit pas comment doit-on organiser la politique, mais il propose des mesures pour l'organisation sociale ou économique.

[15] Karl Marx : *Manifeste du parti communisme*, éd. du Progrès, Moscou, 1978, p.54-55

[16] Karl Marx : *L'idéologie allemande*, éd. sociales, Messidor, 1982, p.142

Certaines de ces mesures, nous les retrouvons dans les démocraties. Pourtant, on ne dit pas que c'est du communisme ou du socialisme. Ainsi, les politiques qui concentrent leurs visions économiques au sens marxiste sont dites soit socialistes, soit totalitaires, soit communistes. Donc, contrairement à la vision capitaliste qui définit le totalitarisme comme un système politique caractérisé par la soumission complète des existences à un ordre collectif que fait régner un pouvoir dictatorial, le totalitarisme apparaît d'abord comme un système économique ayant les mêmes bases et le même but que le communisme et le socialisme. Comme son radical « total » indique le tout, le totalitarisme se manifeste comme suit : tout ce qu'on produit ou on a, on le met au profit de tous. Tous les pouvoirs sont concentrés autour de l'État. Celui-ci contrôle tout, rien ne peut se faire sans passer par lui. Ce qui caractérise un système totalitaire, c'est la centralisation de l'économie et du pouvoir comme cela se manifeste dans le système socialiste et communiste. Il s'éloigne donc en ce sens du capitalisme et se rapproche du socialisme et du communisme. D'où, tous les pays qui ont le régime socialiste sont dits aussi totalitaires. En principe, politiquement, ces pays comme je l'ai déjà montré sont tyranniques parce que fonctionnant avec la terreur et la peur dans la pratique du pouvoir. Ils ne sont pas démocrates parce qu'il n'y a pas la liberté politique et citoyenne. Cependant, il y a une équivoque à relever. Le régime totalitaire au sens économique manifeste la démocratie sociale. Il n'y a qu'à voir la vision d'Hitler sur l'Allemagne et les Allemands, celle de Lénine et de Mao en Chine, etc. Leur objectif était de rendre leurs populations heureuses en les mettant sur un pied d'égalité en veillant à leur exploitation par les capitalistes. Ils voulaient éliminer les inégalités, les privilèges, mettre fin aux guerres intestines et amener l'unité dans leurs sociétés.

Ce qu'elles n'avaient pas dans la démocratie capitaliste et que revendiquent la plupart des peuples aujourd'hui.

Ce qu'il faut comprendre, c'est qu'avant, ces pays avaient le régime de la démocratie capitaliste avec le multipartisme. Mais, les difficultés connues dans ce régime les avaient basculés au régime de démocratie sociale avec souvent le monopartisme dont le socle économique est souvent le socialisme ou le totalitarisme. Ainsi, ayant peur qu'ils ne retombent sur la démocratie capitaliste, ils vont instaurer un système de défense du pouvoir en étant dictateurs. Plus de multipartisme, contrôle des pouvoirs : législatif, exécutif et judiciaire ; centralisation des entreprises ; contrôle de toutes les instances de l'État… bref, tout repose sur l'État ou l'État est au centre de tout. Tout cela, c'est pour éviter le retour au multipartisme qui accroît de plus en plus les inégalités, entraîne la division et les guerres entre citoyens ; favorise les privilèges, le favoritisme, le monopole, l'égoïsme, la déconsidération des autres ; considéré en ce sens comme le mal en soi pour la gestion de l'État. Présentant de tels caractères dans la pratique du pouvoir, le totalitarisme en tant que système économique est finalement confondu avec la tyrannie. D'où il est vu comme un régime politique qui procède par la fusion des pouvoirs, la répression, l'élimination des opposants ; fonctionne avec le monopartisme ; mobilise les masses et contrôle toutes les institutions de l'État. Bref, donc, c'est un pouvoir sans liberté. Pour les démocraties capitalistes, c'est le pire pouvoir où en réalité, il ne fait pas bon vivre. Mais, ce genre de comportement n'émane-t-il que des régimes totalitaires ?

Si on examine avec attention tous les régimes politiques, on se rendra compte que pour éviter que l'on tombe dans un système que l'on considère mauvais, tous les systèmes politiques ont des mesures qui sont comme des garde-fous ou des verrous pour leur protection. À la sortie de la monarchie, de l'aristocratie et de la tyrannie, en vue de maintenir la démocratie dans leur cité, les Grecs avaient adopté l'ostracisme qui consistait à faire déplacer du pays pendant dix ans, un opposant au régime. Selon la gravité de la situation, le citoyen pouvait être aussi tué (condamné à mort). Sparte pour se protéger contre la démocratie d'Athènes chassait ou tuait tous les citoyens qui prétendaient à la démocratie. Et, comme la démocratie athénienne prenait de plus en plus d'ampleur, elle était contrainte de faire la guerre à Athènes. Lorsqu'Athènes fut vaincue, Sparte y mit en place un gouvernement de trente tyrans qui empêchaient les Athéniens de penser à la démocratie. Au XVIIe siècle, après les difficultés politiques et économiques connues par plusieurs monarques en Europe à cause des privilèges, du monopole et de la décentralisation ; certains philosophes partisans du despotisme éclairé proposaient la centralisation du pouvoir entre les mains du roi. Ce que Karl Marx proposera par la suite pour l'État. Pour éviter que leur pays bascule au communisme donc au régime totalitaire, les Français, après la Deuxième Guerre mondiale, étouffaient la montée du parti communisme cher à Jean Paul Sartre. Dans le multipartisme, on exclut au point même de les forcer à l'exil ceux qui ont des idées monopartites et fixées sur un coup d'État. Tout ce qu'on condamne aux régimes totalitaires, on le retrouve en démocratie. Car, quel serait le rôle de la loi, si ce n'est l'exclusion et la protection du pouvoir ? Par exemple, la répression des opposants dans les dictatures a pris la forme de la répression des partis de l'opposition et des peuples revendiquant leurs droits dans les démocraties multipartites ; la mobilisation des masses populaires a pris le sens de la mobilisation des membres du parti ; le militantisme comme moyen d'accéder au poste de commandement dans le monopartisme est de même dans le multipartisme. Pour être placé à un poste de commandement, il faut être du parti au pouvoir. La dictature du parti unique a pris le sens de la dictature du parti au pouvoir ; la centralisation de tous les pouvoirs et toutes les institutions a pris le sens de la confiscation des pouvoirs et des institutions de l'État par les partis au pouvoir. Rien ne se fait dans la pratique du pouvoir comme le veut réellement la démocratie. Il n'y a pas une véritable différence entre ce qui se passe dans le multipartisme et dans le monopartisme sur la gestion de l'État. Les partis au pouvoir ont plus de pouvoir sur les autres et sur les citoyens ou les peuples. Ce qui les distingue, c'est seulement les libertés qu'on accorde aux citoyens dans le multipartisme qu'on ne retrouve pas souvent dans le monopartisme. L'égalité de tous est masquée dans le multipartisme, car, ici, les partis ont des privilèges et, sur certaines fonctions de l'État, il faut être du parti pour être choisi. Alors, point n'est besoin que le multipartisme se blanchisse pour noircir le totalitarisme ou le monopartisme. Il faut peut-être reconnaître que là où on parle de parti, le pouvoir devient une chasse gardée, un monstre ; chacun vit dans la fièvre de le perdre comme de l'avoir. On prend pour cela toutes les précautions pour le sauvegarder ou ne pas le perdre. Ainsi, que l'on parle du multipartisme ou du monopartisme, les deux pouvoirs sont dans la même longueur d'onde. À voir leur pratique, il n'y a pas un pouvoir qu'on peut préférer, mais, si on veut de la gestion démocratique proprement parlée, c'est une gestion centrée sur la société, le totalitarisme comme le socialisme est plus démocratique. Même s'il est sévère dans la pratique du pouvoir ce qui est, comme on l'a dit, relatif à tous les pouvoirs, il reflète plus de démocratie sociale que l'en est le multipartisme avec la démocratie capitaliste. D'ailleurs, Platon à l'Antiquité était contre la démocratie parce que selon lui, c'est un pouvoir qui ne fait pas le choix des hommes politiques. Il amène tout le monde au pouvoir. Or, à ses yeux, pour faire la politique, il faut en être d'abord formé. La politique devrait être une fonction sociale réservée à ceux qui l'auraient apprise comme la maçonnerie est réservée aux maçons et la charpente aux charpentiers. Ainsi excluant la participation de tous au pouvoir, Platon propose l'aristocratie appelée pouvoir des meilleurs et ceux-ci pour lui ne sont autres que les philosophes. Mais, s'il propose l'aristocratie comme régime politique, dans la gestion de l'État, sur la gestion sociale, il présente bien le communisme ou le socialisme. Car, dans sa fameuse vision de la cité, couramment appelée la cité platonicienne outre la justice sociale qui doit être son fondement, il parle de la mise en commun des biens de la société et individuels. En effet, dans son œuvre intitulée *Les lois*, Platon pense que dans leur vie sociale, les citoyens doivent être conduits par le principe antique où tout doit être saisi comme commun entre amis. Il faut donc que cette société soit conduite par la communauté des biens. Chacun doit mettre ses biens au profit de tous au détriment de la propriété privée. Donc, pour lui, pour que les guerres intestines et la jalousie entre citoyens finissent, il faut arrêter le système de propriété privée. Or, la propriété privée, c'est le capitalisme en soi, donc quand il dit de mettre fin à la propriété privée, il veut parler du capitalisme. La politique est aristocratique et le système économique est communiste ou socialiste. Cela montre même comment l'idée du communisme ne naît pas seulement de Karl Marx, mais il est le principe de la gestion antique des sociétés comme nous l'avons aussi vu pour les premiers chrétiens et les clans kongo. Tous dans la société doivent vivre comme un seul homme et l'isolement doit être banni. Ce qu'il exprime en ces termes : « la cité qu'il faut placer en premier rang, la cité dont la constitution et les lois sont les meilleures, est celle où règnera le plus complètement possible dans la vie sociale sous toutes ses formes l'antique maxime d'après laquelle tout doit être réellement commun entre amis. Ainsi, que cette cité existe actuellement quelque part ou qu'elle vienne à exister quelque part un jour, il faut qu'il y ait communauté de femmes, communauté d'enfants, communauté de tous les biens sans exception. Tout doit être mis en œuvre pour éliminer de notre existence sous toutes ses formes ce qu'on appelle "propriété privée" ; on doit y travailler autant que faire se peut à rendre commun, d'une manière ou d'une autre, même ce qui est naturellement personnel à chacun de nous, si bien que, par exemple, tous les yeux, toutes les oreilles et toutes les mains croiront voir, entendre et faire les mêmes choses et que, dans l'éloge comme dans le blâme, tous ensemble soient comme un seul homme, tous joyeux ou tous affligés à propos des mêmes objets »[17]. Cette vision a coûté une critique acerbe à l'égard de Platon parce que nombreux pensant qu'une telle communauté ne peut avoir lieu ou ne peut exister, elle serait utopique. Cependant, si on examine ce que nous avons vu dans l'esprit des premiers chrétiens, on aboutit ne serait-ce que sur la communauté des biens à ce type de communauté. Ensuite, l'étude des coutumes anciennes africaines notamment chez les Kongo, montre que la femme appartenait au clan, même si on l'épousait pour un homme. Cela faisait qu'en l'absence prolongée de son mari, elle pouvait être avec un autre homme du clan, j'ai des exemples de ce genre dans ma famille. D'une part, consciente qu'elle était la femme du clan, cette dernière se concevait ainsi et donc, devant un homme du clan de son mari, elle le qualifiait de mon mari. Cela se passait bien

---

[17] Platon, *les lois*, Livre V, 739 b-c, cité par Léon louis GRATELOUP in : *Anthologie philosophique*, éd. Hachette, Paris, 1992, p.394

sûr entre aîné et cadet de la même lignée du clan non pas entre les oncles et les neveux. Les enfants qui naissaient d'une famille appartenaient au clan, on les appelait « enfant de tel clan » tel que : « *bala ba tsémbo* »[18] ; au lieu de les nommer par leur père. D'autre part, c'est par le fait que la femme et les enfants appartenaient au clan qu'après la mort du mari et du père géniteur, la femme revenait à un autre homme du clan et les enfants étaient gardés dans le clan. En dehors de ce fait, il était aussi possible qu'une femme épousée pour un homme donné du clan, lorsque celui-ci ne voulait plus d'elle, on pouvait la passer à un autre homme du clan. De même, en cas de difficulté d'enfanter d'un couple, on envoyait un homme du clan coucher avec la femme pour que le couple eût des enfants. On le faisait aussi du côté de la femme lorsque la première tentative ne marchait pas. On envoyait en ce moment une femme du clan de la femme coucher avec l'homme. Aussi, les biens d'un membre étaient les biens de tout le clan. Chacun pouvait les utiliser sans problème, car la gestion des biens reposait sur le principe : « ce qui est pour le cadet, est pour l'aîné et ce qui est pour l'aîné, est pour le cadet » (« tsiampangui ni tsia yaya, tsia yaya ni tsia mpangui »). Ainsi fonctionnaient les clans kongo avant le colon. Par exemple : lorsqu'un membre du clan achetait un lopin de terre, ce lopin, il ne l'achetait pas seulement pour lui-même mais il visait la famille d'où était-il nommé soit par le nom de l'acquéreur soit par le nom de la famille. Pourtant, c'est un seul membre qui achetait mais la propriété et l'exploitation revenaient à

---

[18] « Tsémbo » est l'un des clans qui constituent les familles chez les Kongo. Dans la culture kongo, les enfants appartiennent au clan où ils sont nés ; d'où leur père natif n'a aucun mot à dire si ces derniers reçoivent une remarque d'un membre du clan ou qu'il a besoin de l'un d'eux. Les biens sont gérés de manière collective.

toute la famille. C'est pour cette raison que les familles ont hérité des lopins portant leurs noms ou ceux de leurs chefs. De même, j'avais remarqué dans ma jeunesse que lorsque quelqu'un achetait un outil, les membres du clan comme les gens du village pouvaient l'utiliser en faisant un programme. D'autres pouvaient ou ne plus en acheter parce qu'il était là. L'égoïsme comme la propriété privée n'était pas accentué. Le bien était saisi comme un bien commun. Cela ne gênait en rien les gens. La coutume leur donnait la force de supporter ces pratiques. Aujourd'hui, j'entends que ces pratiques continuent dans certaines contrées où le mari d'une sœur est à toutes. Quand la titulaire se déplace, elle laisse le pouvoir à sa sœur. Cela se fait aussi pour les hommes. Si donc, on peut bien étudier la civilisation bantoue, j'espère qu'on peut retrouver ce genre de communauté dans la gestion des clans. Ici, on peut soulever la question morale, mais, il faut savoir que les mœurs sont relatives, c'est au moment où, on a voulu tout reposer sur l'Europe que nombreuses des sociétés ont perdu leur être et aujourd'hui devant la débâcle européenne, elles ne savent plus que faire. L'Europe fonctionnait avec le capitalisme, c'est ainsi que l'héritage revenait de droit aux enfants non aux membres de la famille. Là où l'Europe privilégiait l'enfant, la coutume kongo le faisait pour le neveu. Par exemple face à la stérilité de l'homme ou de la femme, l'Europe parle aujourd'hui du père donateur et de la mère porteuse. Pourtant dans notre tradition, cela existait sans qu'on ne dépense l'argent. Or, aujourd'hui, à cause de la diabolisation de ces pratiques par l'Europe, les Africains ne savent plus que faire. Et ce problème déstabilise beaucoup de foyers. D'autre part, l'exemple le plus frappant de ce type de communauté, c'est l'organisation de l'apostolat catholique. Mettre tout en commun comme mode de gestion d'une communauté, c'est une forme de démocratie et de socialisme. D'où la démocratie multipartite dérange en Afrique et chez les religieux, car de part et d'autre on résout les problèmes de manière communautaire non partiale.

Je sais bien que la gestion clanique n'est pas celle de la cité ou de l'État, mais, en sociologie nous savons que la base de la société, c'est la famille. Tel qu'on organise une famille, tel qu'on peut organiser la cité ou l'État. Par exemple dans une société démocratique, le chef de famille ne peut diriger la famille qu'avec des principes démocratiques tout comme, dans une tyrannie on ne peut pas s'attendre au contraire chez le chef de famille. Ainsi, la gestion clanique ou familiale peut servir de base pour élaborer les principes de la gestion de l'État. Cette gestion repose sur l'exclusion de la propriété privée en incluant la communauté des biens publics et individuels. Car dans la gestion clanique ou familiale tout semble être commun. La difficulté que nous pourrons connaître aujourd'hui est que, l'égoïsme a pris trop d'ampleur en nous. Les expressions : c'est mon enfant, c'est ma femme, c'est mon mari, c'est ma maison ou ce sont mes biens nous habitent trop. Nous sommes actuellement plus cultivés pour promouvoir la propriété privée que le partage. Nous sommes beaucoup amenés à penser plus à soi qu'aux autres. Tout ce qu'on fait aujourd'hui est plus orienté vers le moi que vers la communauté qu'il ne sera pas facile de vivre réellement la communauté des biens, des enfants et des femmes ou des hommes alors que la réalité nous amène vers cela. Un enfant qui ne plaît pas à ses parents prend la liberté d'aller vivre avec d'autres personnes mêmes celles qui ne sont pas de sa famille ou de son clan, celles-ci le reçoivent en tant qu'enfant de la société ou du monde. Une femme ou un homme qui ne trouve pas satisfaction avec son partenaire cherche à se satisfaire ailleurs. Elle ou il est accueilli parce que celui ou celle qui l'accueille, la ou le considère comme appartenant à la société ou au monde. Donc la communauté des biens est suspendue dans l'esprit des hommes. Elle se manifeste lorsque dans la réalité l'esprit de la propriété privée qui a pris coutume en nous connaît un coup, une difficulté. En ce moment, on se fait la chose de la société ou du monde. Il suffit que l'homme renonce à l'égoïsme et à la propriété privée pour qu'on vive une véritable communauté des biens, des enfants, des hommes et des femmes. Si on peut orienter l'éducation de l'homme sur l'abolition de la propriété privée en lui inculquant les notions de la communauté, on l'éloignera peu à peu de l'égoïsme. En effet, un enfant, si on l'appelle enfant de telle famille, c'est parce qu'il est né de cette famille. Mais, sa gestion telle que son éducation, sa santé, son développement ne relèvent pas seulement de sa famille. Elle relève de toute la société ou de toute la communauté. Un enfant peut bien naître d'une famille et ne pas grandir dans celle-ci, il grandira toujours si la nature l'a prévu ainsi. Ce qui caractérise l'égoïsme sur les enfants, c'est le fait qu'en dehors de la naissance des enfants d'une famille, la société a introduit dans la gestion des enfants la notion de filiation. Un enfant qui naît doit être affilié à une famille. D'où, il doit porter le nom de famille chez les occidentaux. Or, la filiation ne peut être définie rien que par la famille. Car, les parents eux-mêmes sont issus des familles données. Donc, il faut partir de ces deux filiations pour donner la filiation de l'enfant. Devant cette difficulté, on parle finalement des systèmes patrimonial et matrimonial. Dans le système patrimonial, l'enfant est attribué à la famille de son père et dans le système matrimonial, il est attribué à la famille de sa mère. Aujourd'hui, c'est maintenant un goulot d'étranglement. De part et d'autre, on réclame les enfants. Or, si on faisait des enfants, les enfants de la communauté, le problème ne se poserait pas. Chez nous par exemple les Kongo, les enfants appartiennent à la famille maternelle, mais de nos jours, ils participent à la même hauteur aux problèmes dans la famille maternelle que paternelle, ce qui n'était pas le cas avant. La famille paternelle réclame les enfants à la même enseigne que la famille maternelle. Ce qui se manifeste est que : l'enfant appartient à toutes les deux familles. Ce qu'il donne à la famille maternelle, c'est ce qu'il doit aussi donner à la famille paternelle. On tend petit à petit à la disparition de la filiation pour faire de l'enfant un bien commun. Si la filiation peut disparaître, l'enfant appartiendra à la communauté. En ce sens, une femme peut bien tomber enceinte et n'importe qui ou l'État peut entretenir sa grossesse puisque l'enfant qui en naîtra, appartiendra à la société. Par là, il y a possibilité que même les couples homosexuels élèvent des enfants surtout si, c'est des enfants abandonnés. Car, même chez les couples hétérosexuels, il y a des couples dans le besoin d'un genre d'enfant (masculin ou féminin) ou stériles qui adoptent les enfants. À ce propos, la question que je me pose lorsque les gens s'opposent à l'adoption des enfants par les homosexuels à cause de la filiation est : à quelle filiation l'enfant appartient-il lorsqu'il est abandonné par ses parents géniteurs ou adopté par un couple hétérosexuel stérile ou non ? Le comble chez l'homme est que, pour orienter la vie ou les problèmes de l'existence ; au lieu qu'il parte de la réalité, de ce qui se vit, il part au contraire de ses pensées, son imagination ou ses croyances qui ne cadrent pas parfois avec la réalité. Dans les normes, pour orienter sa vie l'homme devrait se poser les questions : qu'est-ce que la vie ? Comment est-elle ? Il devrait d'abord comprendre la vie et ses caractéristiques pour vivre conformément à la réalité ou selon la nature de la vie, de l'existence. Cependant, si on analyse l'agir de l'homme et toute la morale que nous recevons, il apparaît qu'au lieu de poser les questions : qu'est-ce que la vie ? Et comment est-elle ? L'homme se fonde sur : que devrait être la vie ou l'existence ? En se posant cette question, l'homme se donne une condition pour chaque fait de la vie ou de l'existence. C'est ainsi qu'il pense écarter certaines réalités de la vie et regrette à tout moment pourquoi la mort avait-elle été créée.

En effet, depuis son existence, par toutes ses formes de pensée, dans tous les domaines et dans les quatre coins du monde à tous les temps de l'histoire, l'homme cherche à donner une forme, un sens à la vie ou à l'existence. D'où, il a créé les mythes, la religion, la philosophie, l'art, la science, la politique, bref tous les domaines qui pensent la vie humaine. Ce qu'il a oublié est que la vie, l'existence a sa forme, son sens propre. Cette forme ou ce sens, c'est ce que la vie est, c'est-à-dire, sa manifestation devant nous. Tout de la vie, c'est la vie et sa forme ou son sens. On peut penser mener ou vivre la vie selon nos idées, mais si la vie veut nous amener dans son sens, rien ne peut le lui empêcher. Lorsque les croyants disent que Dieu est souverain, on peut paraphraser cette expression pour dire que la vie est souveraine. Malgré nos intentions, si la vie prévoit d'autres choses pour nous, nous les vivrons. L'homme doit donc reconnaître la souveraineté de la vie pour comprendre chaque fait qui se passe dans son existence. Si on accepte ou on vit la vie telle qu'elle est, on ne s'étonnerait guère de rien. En fait, l'homme veut chercher loin ce qui est sous ses pieds, devant ses yeux et son esprit. Se donner une vision autre que ce que la vie est pour en faire sa forme, son sens, voilà la véritable erreur, la source de nos contradictions, nos abus et nos douleurs, car la vie est ce qu'elle est et elle s'impose à nous. On devrait accepter et vivre la vie telle qu'elle apparaît devant nous, non selon nos chimères. Les peuples primitifs et les animaux qui vivent sans dessein du monde semblent bien heureux en s'adaptant au rythme et au sens de la vie par rapport à l'homme évolué qui vit avec des représentions transcendantales, qui l'élèvent de la réalité de la vie. Tel que la vie nous conduit, c'est cela son sens malgré nos idées. Nous ne nous comprenons pas à cause de notre égoïsme. Le voleur n'est pas voleur par lui-même comme l'adultérin ne l'est non plus par lui-même. Ils sont habités par un sens de la vie et en témoignent. L'homme doit saisir les choses ainsi pour qu'il soit tolérant, indulgent et accueillant envers ceux qui ont une vie contraire à lui. Il peut en ce sens avoir un esprit apaisé face à la dureté de la vie. Cependant, ce qui se manifeste en nous est que l'homme vit avec le refus de la réalité en se figeant seulement sur l'orientation qu'il se donne ou qu'on lui aurait donnée par l'éducation multiforme. Lorsque l'homme vit avec une condition sans regarder la réalité en face et, si la réalité s'impose à lui, il devient paniqué, perturbé. Il croit au mystère parce qu'il ne pensait pas vivre cela ; or la vie ne le lui a jamais dit. C'est ce qui se passe dans la société sur la condition des homosexuels. L'homme a plus pensé et cru à l'hétérosexualité qu'il est paniqué aujourd'hui de voir l'homosexualité prendre de l'ampleur.

Revenons sur le système totalitaire, si ce système manifeste la démocratie sociale, la question qu'on se poserait, est celle de savoir pourquoi les acteurs politiques agissent-ils dans la dictature dans ce système ? Les réponses sont nombreuses parmi lesquelles nous avons la protection du pouvoir comme nous l'avons déjà vu ci-haut et le mode d'accès au pouvoir.

En effet, quand on accède au pouvoir, on cherche à le conserver par tous les moyens. Dans les régimes multipartites, celui qui est au pouvoir sachant qu'il partira, cherche à conserver le pouvoir en faveur du parti et dans le régime tyrannique avec le totalitarisme, on cherche à le conserver contre le multipartisme et le capitalisme. D'où, installe-t-on la dictature. De même, le mode d'accès au pouvoir dans ce régime, c'est le coup d'État, une lutte acharnée entre des fractions militaires ou l'hérédité. Dans ces conditions, comme le dit Machiavel, celui qui accède au pouvoir doit le conserver en éliminant tous ceux qu'il aurait battus dans l'accession au pouvoir et ceux qui le convoitent autour de lui. En fait, celui qui n'a pas une même vision politique que soi est un ennemi. Or, personne ne peut être tolérant envers son ennemi si ce n'est Jésus-Christ, donc on ne peut qu'être dictateur devant l'opposant. C'est dans ce sens que lorsque l'Occident voit la dictature dans les régimes socialistes ou totalitaires, ces pays le voient au contraire chez les Occidentaux et aux USA. Ainsi, pour éviter la dictature dans la démocratie sociale, on peut changer le mode d'accès au pouvoir. Au lieu d'un coup d'État, d'une lutte acharnée entre fractions militaires ou l'héritage du pouvoir, on instaure une démocratie libérale. Cela veut dire, on considère la démocratie comme mode de gestion de l'État et le totalitarisme ou le socialisme comme système économique. Dans ce cas, on cesse de parler des partis. Toutes les institutions seront libres, comme je l'ai développé dans ma réflexion : *Pour une démocratie sans partis politiques*. À cet effet, les institutions auront pour seul maître le peuple. Seul lui sera au fondement de tous les pouvoirs et tout homme politique ne craindra que lui. Or, quand l'homme politique est soutenu par d'autres forces, il abandonne la force du peuple au profit de ces forces. Il détourne l'intérêt commun au profit des intérêts particuliers. Tel avait été le pouvoir du Moyen Age en Europe. L'homme politique soutenu par la religion et les riches n'avait pas peur du peuple. Au contraire, ce dernier était son marchepied. Donc, si on laisse l'homme politique avec l'unique force qui est le peuple, tout sera concentré sur lui.

Chapitre III : Le système économique correspondant à la démocratie

Plus haut j'ai montré qu'il y a des régimes politiques : la monarchie, la tyrannie, l'oligarchie, la ploutocratie, la timocratie, l'aristocratie, la démocratie et des systèmes économiques : le socialisme et le capitalisme. Chaque système économique correspond à un ou des régimes politiques. Lorsqu'on examine la corrélation entre la politique et l'économie, il se manifeste qu'il y a des régimes qui ne marchent pas avec un système donné. Autrement dit, quand on analyse la pratique économique et le régime politique à appliquer, il apparaît qu'il y a une correspondance entre le système économique et le régime politique. On ne devrait pas appliquer un système économique dans un régime politique sans d'abord comprendre les exigences sociales de ce régime et le fonctionnement du système économique que l'on veut appliquer. On peut bien appliquer un système contraire sans le savoir pendant que les exigences du régime politique disent autre chose. Ce qui entraîne la dénaturation du régime politique. Car, dans la pratique, c'est le système économique qui domine la vie sociale et influence la politique. Par exemple, quand on gère la démocratie avec des bases capitalistes, celle-ci perd son sens, sa nature. On ne reconnaît plus la démocratie. On parle de la tyrannie, la timocratie, voire du capitalisme. Car, le capitalisme manifeste le caractère d'exclusion, de non-assistance, d'exploitation de l'homme par l'homme parce que reposant sur le profit individuel. C'est le cas des USA où le comportement des cartels des riches dominant la politique fait penser parfois dans quel régime politique ils sont. Depuis l'indépendance de ces États, les inégalités et les problèmes raciaux ne prennent pas fin ; les Noirs se disent être dans un régime tyrannique, ou dans la timocratie presque à tous les temps. Or, la démocratie, c'est toute une culture, elle ne se limite pas seulement à l'affrontement d'idées. Elle appelle à l'inclusion, à l'assistance, l'égalité, la liberté, au dialogue entre les hommes ou entre les citoyens. Ces caractères dans les systèmes économiques, on les retrouve dans le socialisme. Donc, si on analyse les exigences sociales de la démocratie et les caractères des deux systèmes économiques : le capitalisme et le socialisme, on s'apercevra que par sa nature, la démocratie ne peut aller avec le capitalisme. Le système économique qui correspond à la démocratie, c'est le socialisme. La démocratie politique doit rimer avec la démocratie sociale pour qu'elle soit réelle. Sinon, elle restera une démocratie de nom, d'institutions, comme nous l'avons dans la plupart des pays dits démocratiques. Les peuples pour la majorité réclament ce rapport. D'où presque partout où il y a démocratie institutionnelle, comme le système économique qui se manifeste, c'est le capitalisme, la démocratie semble ne pas exister. Les Anglais, les Français, même les Américains s'étonnent de leur pouvoir. Ils pensent que les pouvoirs pensent plus à eux-mêmes qu'aux peuples. La démocratie sociale n'est pas bien appliquée dans la plupart des pays démocratiques. Ce qui fait que l'on croit ne pas être dans une démocratie.

Plusieurs raisons historiques montrent que la démocratie se veut socialiste non capitaliste : la naissance de la démocratie à Athènes, la réaction du peuple athénien devant Solon et les fils de Pisistrate plus les changements apportés par Clisthène dans la cité athénienne, le vœu du bill d'habeas corpus, le but de la Révolution française et enfin le socialisme bantou.

- **De la naissance de la démocratie à Athènes**

Je ne ferais pas l'histoire générale de la naissance de la démocratie à Athènes, mais comme je veux montrer le rapport entre la démocratie et le socialisme, je m'attellerais à déterminer cela ici. En effet, comme je l'ai déjà montré, la démocratie athénienne est née après la monarchie et l'aristocratie. Cette gestion ne s'était pas faite au même moment. Athènes était d'abord monarchique et après aristocratique selon l'histoire. Cette double gestion historique fit que la cité eût connu une division politique provoquant ainsi des guerres intestines. Donc, pendant la période aristocratique, la cité n'était pas en paix et ne vivait pas dans l'unité. La gestion économique visait plus les particuliers que la cité et l'ensemble des citoyens. Dans la monarchie, comme l'est la réalité des monarchies et des empires, le roi fondait tout le pouvoir économique sur lui-même. Tout ce qui se faisait se faisait pour enrichir le palais royal. Dans ces conditions, les citoyens étaient exploités. Ce qui révolta la noblesse de la cité qui la conduit après à l'aristocratie. Lorsque les aristocrates, c'est-à-dire, les familles riches prirent le pouvoir, ils retournèrent les avantages qu'avait le roi en leur faveur. Les riches exploitaient les pauvres. Et même pour faire partie de l'hémicycle politique, il fallait être riche. Ainsi, que ce soit pendant la monarchie que ce soit pendant l'aristocratie, aucun système ne fonctionnait avec le système économique visant la cité et les citoyens. Ces deux régimes étaient fondés sur l'intérêt des particuliers et ce qui comptait plus, c'était l'argent, s'enrichir individuellement. Or, quand la démocratie prit naissance, elle naquit avec l'idée de la cité et du citoyen comme fondement de toute vision politique et économique. La démocratie avait donc mis fin au système qui consistait à penser seulement à l'intérêt des particuliers. Cela se manifeste par l'esprit que l'on retrouve chez Clisthène et chez Périclès. L'histoire nous dit que, lorsque Clisthène fut choisi comme premier stratège. Il était conscient que ce qui provoquait la division dans la cité, ce fut la distribution des fonctions publiques en tenant compte des richesses. Cet esprit ne plaisait pas à la plupart des citoyens. D'où, il y avait à tout moment des soulèvements et que certains hommes politiques comme Solon étaient faits exilés. Ainsi, pour mettre fin à cette situation, Clisthène avait procédé par un brassage des populations et de quatre dèmes, il créa six autres ce qui donna le nombre de dix. La raison que l'histoire évoque est que, il le fit pour mettre fin au système qui définissait la citoyenneté par la fortune pour la lier à la seule appartenance à un dème comme le manifeste ce texte : « À travers sa réforme de -508, Clisthène, membre d'une des plus grandes familles d'Athènes, les Alcméonides, concéda au peuple la participation non seulement aux décisions politiques, mais aussi aux fonctions politiques en échange de son soutien. Cette réforme repose sur la réorganisation de l'espace civique. Les anciennes structures politiques fondées sur la richesse et les groupes familiaux furent remplacées par un système de répartition territoriale. Un citoyen athénien ne se définit désormais plus que par son appartenance à un dème, circonscription administrative de base de la vie civique ; chaque citoyen athénien doit être admis dans son dème lors de ses dix-huit ans. »[19] Cela montre comment le changement du système politique entraîna celui du système économique. De même, Périclès avait concentré la vie économique sur Athènes. Ce qui explique son développement rapide par rapport aux autres cités grecques de l'époque.

---

[19] Voir, article de Wikipédia, l'encyclopédie libre, sur Démocratie athénienne : Internet

Ce qui montre que le changement du système politique entraîne celui du système économique comme le manifeste Karl Marx dans sa philosophie. Athènes était passée de la monarchie et de l'aristocratie avec un système capitaliste selon ses caractéristiques et l'esprit que la cité manifestait économiquement dans ces régimes, à la démocratie avec un système économique socialiste. En ce sens, on peut dire que dans ses origines, la démocratie était née pour mettre fin au système de propriété privée. Elle manifestait un rapport étroit avec le socialisme, c'est-à-dire le contrôle et la centralisation du pouvoir économique par la cité chez les Athéniens et l'État aujourd'hui. C'était donc non seulement une démocratie politique, mais aussi économique et sociale. D'où certains disent que c'était à la fois une démocratie politique, économique et sociale.

L'analyse du passage de la monarchie et de l'aristocratie à la démocratie à Athènes montre bien que la démocratie est plus socialiste que capitaliste. D'ailleurs, pour avoir maintenu la distribution du pouvoir politique à base des richesses, Solon fut boudé par après par le peuple. En effet, les citoyens ne voulaient plus des répartitions faites selon le clivage pauvre-riche ou selon les richesses. Mais, dans la participation aux différents pouvoirs de la cité, Solon fixa la limite des fortunes. Tout le monde pouvait participer à l'ecclésia (l'assemblée), prendre part à l'héliée (justice populaire) sauf que tous ne pouvaient pas être choisis magistrats, seuls, ceux qui avaient une fortune plus élevée. Cette exclusion ne plut pas aux citoyens qui avaient fini par trouver en lui un tyran. D'où avait-il été contraint à l'exil. C'est pour la même raison : le boycott de la volonté populaire que ses successeurs : Hipparque et Hippias après Pisistrate dont ils sont fils, ont été respectivement tué et fait exiler. C'est avec Clisthène et Périclès en mariant démocratie politique, sociale et économique qu'Athènes avait eu un apaisement politique et social. En fait, l'analyse profonde de l'attitude des Athéniens de l'époque montre que la démocratie signifie insertion du peuple partout. Il fallait faire participer le peuple ou les citoyens à tous les pouvoirs et pour tous les engagements. Le sens même de démocratie : pouvoir du peuple, par le peuple et pour le peuple le démontre. Donc, non seulement que le pouvoir appartient et résulte des citoyens, mais ce qu'on fait doit viser le peuple. Cela prouve que par son sens même la démocratie est sociale parce qu'elle exclut par essence les intérêts particuliers. Par ici, je peux dire que parler du capitalisme en démocratie n'a même pas de sens. La démocratie a une image socialiste. C'est certainement pour cette raison que la démocratie moderne des partis politiques, gérée à base du capitalisme, pousse les citoyens à la méconnaître.

- **Le bill d'habeas corpus**

Le bill d'habeas corpus est une sorte de charte que les parlementaires et certains intellectuels anglais avaient adressée au roi **Charles II** en 1679 pour réclamer la liberté, l'égalité politique et citoyenne. Mon objectif ne consiste pas à le décrire comme il était, mais il s'agit ici de mettre en relief l'esprit démocratique avec le socialisme. En effet, l'Angleterre est présentée comme la première monarchie qui avait annoncé les couleurs de la démocratie moderne. Avant que le royaume ne connaisse la monarchie constitutionnelle et parlementaire, il était d'abord une monarchie royale, c'est-à-dire, une monarchie où tous les pouvoirs étaient concentrés sur la seule personne du roi. En ce moment, comme toutes les autres monarchies dirigées en ce sens, le roi s'arrogeait tous les avantages du royaume. Il pouvait engager tout le royaume pour ses intérêts personnels. Les impôts, les taxes tout se faisait au seul profit du roi et ses acolytes. Ce qui caractérisait donc ce système, c'est la propriété privée, l'intérêt particulier du roi et de ses hommes. Le roi avait tous les droits sur les sujets même celui d'arracher leur vie, leurs biens et leurs enfants. Cet esprit causait un malaise aux parlementaires qui n'existaient que de nom, car le roi avait ses hommes de confiance qu'il consultait à leur place, et à certains nobles. Ainsi, en 1637, le roi **Charles Ier** rentra en contradiction avec les Écossais en leur demandant d'adopter l'anglicanisme comme mode de célébration des messes. Le refus des Écossais conduit le roi à leur faire la guerre. Vaincu par eux, avec l'occupation d'une partie du royaume, le roi se retourna vers le long parlement pour regrouper les fonds et sauver l'image du royaume. Fatigués de son intransigeance, les parlementaires lui avaient au contraire présenté une charte où ils réclamaient plus de partage du pouvoir, plus de liberté et d'égalité. Insatisfait, le roi entra en guerre avec les parlementaires, d'où la guerre civile de 1642. L'idée qui naît ici sera concrétisée en 1679 où la charte sera normalement adressée au roi et fera aboutir le royaume à la révolution de 1688 qui fut à l'origine du régime parlementaire au Royaume-Uni. Ainsi, dans leurs revendications, les parlementaires ne cherchaient pas seulement le partage du pouvoir, la liberté et l'égalité, mais, il y avait aussi l'idée de penser plus au royaume et aux citoyens qu'au roi et aux nobles. Ils projetaient que les intérêts qui étaient concentrés sur la personne du roi le fussent pour le royaume et le citoyen devrait jouir librement de ses biens et de sa vie. D'ailleurs, le bill d'habeas corpus était suivi en Europe du principe « saper Aude » qui stipulait : « aie le courage de te servir de ton entendement ». Ce principe donnait la liberté à tout citoyen pour se détacher de la soumission royale et de prendre sa vie en main. C'était une motivation pour l'indépendance totale vis-à-vis de la personne du roi. Ce changement ne s'effectua pas seulement sur la politique, mais, il s'était étendu dans tous les domaines : politique, économique et social. D'où Karl Marx parlant des changements intervenus en Angleterre après les deux grandes révolutions du XVIIe siècle, écrit dans sa Lettre du 28 décembre 1846, à ANNENKOV : « Aussi y avait-il deux coups de tonnerre : la révolution de 1640 et celle de 1688. Toutes les anciennes formes économiques, les relations sociales qui leur correspondaient, l'état politique qui était l'expression officielle de l'ancienne société civile furent brisés en Angleterre. Ainsi, les formes économiques, sous lesquelles les hommes produisent, consomment, échangent, sont *transitoires* et *historiques.* » [20] Or, cet esprit qui se manifeste ici : penser plus au royaume et à ses citoyens n'est autre que celui que nous avions développé chez les Athéniens dans leur passage de la monarchie et l'aristocratie à la démocratie, esprit qui manifeste le caractère socialiste de la gestion de la société. C'est ainsi que les partis qui se formèrent dans cette révolution sont soit socialistes, soit capitalistes. Les conservateurs, c'est-à-dire, les tories ont gardé le capitalisme comme mode de gestion du royaume alors que les whigs proches des citoyens se disaient démocrates et voulaient le système centralisé. D'où, il y a une différence dans la gestion du royaume selon qu'il est dirigé par les conservateurs ou par les whigs, actuel parti des travailleurs. Ici aussi, nous constatons que le parti qui réclame la démocratie a un caractère social, donc il est socialiste alors que le parti qui se réclame conservateur a un caractère capitaliste, donc, il est capitaliste. Cela montre comment ceux qui avaient initié le bill d'habeas corpus voulaient plus de démocratie et du socialisme que du capitalisme. Je peux dire par là que toute revendication démocratique implique le

[20] Karl Marx, *L'idéologie allemande*, éd. sociales, Messidor, 1982, p.240-241. (Annexes)

socialisme ou chaque fois qu'on parle de démocratie, il faut voir le socialisme.

- **L'ambition de la Révolution française**

Dans son histoire, la France a connu plusieurs révolutions. Mais, quand on parle de la Révolution française, on fait plus allusion à celle de 1789. En effet, en cette année, la France avait connu une révolution qui avait profondément marqué son histoire. Loin d'en parler dans ses profondeurs, comme je l'ai fait avec le bill d'habeas corpus, je voudrai seulement ici aussi montrer le lien qu'il y a entre la démocratie et le socialisme.

Avant cette révolution, la France était un royaume. Après le passage de Louis XIV qui avait gouverné en roi absolu, c'est-à-dire, sans partage du pouvoir, le royaume connaîtra une crise financière et sociale très profonde. Cette crise ne s'était pas améliorée avec Louis XV. Ainsi, ne pouvant pas continuer à supporter cet état des choses, Louis XVI voulant redonner au royaume son rayonnement économique convoqua les états généraux pour trouver la solution à ce problème. Mais, d'une simple réflexion sur la croissance économique, le roi était surpris de constater que le royaume tombe dans la révolution. Celle-ci n'était pas seulement arrivée avec une nouvelle vision politique, mais aussi avec une nouvelle orientation sociale. En effet, dans la monarchie, le pouvoir était socialement orienté par le principe : « la France pour le roi ». En ce sens, tout ce qu'on faisait était au bénéfice du roi. Non seulement qu'il incarnait tous les pouvoirs politiques, mais comme on l'a vu chez les Anglais, tout ce qui se faisait l'était en son nom. La stratification du royaume en : Église, gouvernement du roi et sa division en ordre : l'ordre des clergés, l'ordre de la noblesse et le tiers état plus l'octroi des privilèges à certains sujets, faisait qu'on pense d'abord à l'Église, ensuite, au roi et son gouvernement, après aux privilégiés et aux nobles et enfin au tiers état qui constituait le peuple majoritaire. Mais, avec l'absolutisme de Louis XIV, le roi s'était arrogé tous les avantages. Le pouvoir de l'Église était réduit et il fallait d'abord penser au roi. Ici aussi, avant la révolution, la France était capitaliste. L'exploitation de l'homme par l'homme était très manifeste. Le roi allait jusqu'à appauvrir les nobles pour son orgueil et sa puissance. Les nobles de leur côté, exploitaient les pauvres, c'est-à-dire, ceux qui travaillaient pour eux. Ce qui primait en ce moment, c'était l'enrichissement des particuliers. D'abord l'Église, ensuite le roi et enfin les nobles. Les pauvres n'avaient pas de place, ils n'avaient qu'à s'appauvrir de plus belle. Donc, la société avec l'ancien régime était fondée sur l'intérêt des particuliers, la propriété privée. Ce qui caractérise une société capitaliste. Et, c'est dans ce sens que Karl Marx pense qu'avant l'ère des révolutions ouvrières et au temps féodal, tous les pays ou tous les royaumes avaient comme gestion sociale : le système de la propriété privée. Donc, ils avaient le capitalisme comme mode de production et d'échange des biens.

Mais, lorsque la France arrive à la révolution de 1789, le principe qui animait les révolutionnaires était : « La France aux Français » et le statut du roi était passé du « roi de France » au « roi des Français ». Au lieu où on mettait le roi, on avait placé le pays, le royaume. Et, à la place des privilégiés, on avait placé tout le peuple. Ainsi, en ce moment, on ne voulait plus du roi ni des privilégiés, mais de la France et de ses citoyens. Tout ce qui devrait se faire, devrait l'être désormais au nom de la France et des Français. À partir de là naquirent les idées démocratiques et socialistes. Les partis qui se formaient dans les différentes assemblées ayant succédé à la révolution le montrent bien. Dans la Convention[21] par exemple, on avait trois partis : les Girondins, les montagnards et la plaine. Parmi ces partis, les Girondins se réclamaient plus pour le roi, ils étaient pros royalistes et aristocrates ; les montagnards influencés par les jacobins comme Robespierre se réclamaient plus pour le peuple et la démocratie, et l'autre se faisait neutre. Les Girondins avaient un caractère conservateur et les montagnards, révolutionnaires. La vision de la gestion sociale n'était pas la même. Pendant que les Girondins voulaient redonner son hégémonie au roi avec tous les privilèges et étaient pour la décentralisation du pouvoir, les montagnards voulaient plus de démocratie et de liberté sociales, ils voulaient la centralisation du pouvoir. Les girondins étaient plus capitalistes et les montagnards plus socialistes. L'esprit démocratique et socialiste se manifestait déjà chez les jacobins à la Législative chez Robespierre. D'où l'influence actuelle de cet esprit dans les partis politiques français. Les partis de gauche dits souvent démocratiques ont un caractère de plus en plus socialiste et, ceux de droite, dits souvent républicains ont un caractère capitaliste. C'est pour cette raison que la loi et les réactions qui viennent des républicains ont souvent une connotation capitaliste et celles des démocrates, sont souvent socialistes. Le désaccord entre ces deux types de partis naît en ce sens. Ils ne s'opposent pas sur le pouvoir

[21] Troisième assemblée nationale dominée par les montagnards qui avait dirigé la France après la révolution de 1789 du 20 septembre 1792 au 26 octobre 1795. Elle avait succédé à la Constituante, à la législative et était suivie du directoire. Cette assemblée avait voté la constitution de l'an I selon le calendrier républicain issu de la révolution en juin 1793, constitution estimée la plus démocratique de l'histoire de la France et qui n'a jamais été appliquée par l'égoïsme des hommes politiques selon les données historiques.

parce qu'actuellement tous les partis sont pour la démocratie, aucun ne la réfute comme l'ont été les prédécesseurs des républicains. Ce que l'on doit savoir est que tous les partis n'ont pas perdu leur état des choses. Les démocrates veulent plus de démocratie sociale, ils veulent améliorer les conditions sociales de tout le monde en diminuant les inégalités sociales. Ce qui ne plaît pas aux républicains qui croient qu'en ce sens, on donne trop d'avantages aux pauvres. Ils veulent au contraire que les démunis fassent des efforts, ils doivent travailler dur pour satisfaire leurs besoins au lieu que l'État les assiste, leur favorise la vie. Ils veulent favoriser les riches au détriment des pauvres. Mais, dans la pratique, c'est le capitalisme qui se manifeste plus en démocratie. C'est en ce sens que les peuples exigent encore plus de démocratie. En fait, ils ne réclament pas la démocratie en tant que pouvoir puisqu'ils en ont déjà. Ils réclament plutôt la gestion sociale démocratique ou la social-démocratie. Je veux dire, la démocratie existe réellement en tant que régime politique, car, il y a les élections, la division du pouvoir, la liberté politique et citoyenne, le multipartisme ; mais la démocratie sociale n'existe pas dans les pays dits démocratiques. D'où, ce que les peuples réclament, ce n'est donc pas la démocratie politique, ils réclament plutôt la démocratie sociale.

Cette socialisation de la démocratie ou du citoyen est aussi ce qu'en réalité les Européens réclament. En effet, l'Europe est bien conçue institutionnellement, elle fonctionne avec des institutions démocratiques. Mais sur la gestion sociale, il y a de grandes disparités. Dans le rapport entre les nations qui la constituent, il se manifeste l'esprit du loup sur le bouc. Les grandes puissances veulent profiter des faibles. Les citoyens n'ont pas les mêmes conditions sociales selon les nations. Or, c'est ce qui devrait d'abord préoccuper l'Union européenne. En dehors de la libre circulation et du libre échange entre les nations, il fallait par exemple qu'il y ait l'harmonie au niveau des salaires, de la vente et des achats des produits, dans la politique du logement ; surtout dans les pays qui ont comme monnaie l'euro. L'Europe devrait normalement assurer les mêmes conditions à ses citoyens pour arrêter l'esprit nationaliste qui apparaît encore du jour au lendemain dans les sociétés qui la composent. Car, au moment où on semble aller vers l'universalité de l'individu où les principes démocratiques veulent nous conduire à la citoyenneté universelle ; il n'est pas bon de laisser les nations revenir sur le passé fondé sur des divisions et des considérations malpropres qui ont fait vivre le monde dans le chaos. Il faut savoir que la gestion du monde est semblable à celle d'un pays et d'une famille. Quand dans une famille, il y a peu de riches s'ils ne cherchent pas à partager cette richesse avec les autres, ils s'attirent des ennuis. Non seulement que tous les problèmes de la famille leur reviendront, ils s'attirent aussi la jalousie et ils subissent un afflux massif qu'ils n'arrivent plus parfois à maîtriser. Pour se libérer, ils sont contraints de faire l'aumône à d'autres membres de la famille pour les faire accéder à une moindre richesse. C'est de même pour une nation, s'il y a moins de riches, les riches s'attirent tous les problèmes de la cité. Les impôts, les taxes les plus élevées sont fixés en leur nom. En cas de situation majeure, ce sont eux aussi qui doivent intervenir. Ici aussi, les riches s'attirent des ennuis et de la jalousie. D'où le conflit entre les riches et les pauvres ne prend pas fin. Dans la gestion du monde, le même esprit apparaît. Non seulement les pays développés attirent la colère des habitants des pays non développés. Ces habitants font des pays développés leur eldorado. Ils veulent aller vivre là-bas. D'où la forte immigration des populations des pays pauvres. De même, par leurs avantages, les pays développés sont obligés de faire face à tous les problèmes qui se présentent dans le monde. Donc, ils ne sont pas réellement libres.

Se développer seul sans les autres n'arrange rien. Il faut pour cela penser au développement de tout le monde même si ce n'est pas possible, il faut oser. Les pays développés continueront à supporter le poids du monde et des émigrés s'ils n'arrivent pas à améliorer les conditions de vie dans les autres pays comme les riches les supportent dans leur famille. Car, il y a un adage qui dit chez nous : « si tu es l'unique riche de la famille, tous les problèmes de la famille te regarderont. » Il faut donc élargir la richesse si on ne veut pas subir le poids de la masse. Les autorités des pays développés ne doivent pas fermer leurs oreilles aux citoyens qui l'ont déjà compris et qui le déclarent. Ils doivent chercher à amener une vie acceptable dans les pays pauvres. C'est en cela qu'ils seront de moins en moins embêtés. La pauvreté dans ces pays apparaît comme la présence de la guerre et comme personne ne peut supporter la guerre si ce n'est le militaire qu'on prépare, les habitants des pays pauvres fuient la pauvreté comme la guerre. Et, comme celui qui fuit la guerre recherche la terre de paix, celui qui fuit la pauvreté recherche la terre riche. On attirera de plus en plus des immigrés si on n'améliore pas les conditions dans leurs pays d'origine. Quand on cherche à arrêter les guerres, il faut aussi chercher à améliorer les conditions sociales des populations.

Chapitre IV : Quel système économique la démocratie actuelle applique-t-elle ?

Je rappelle que cette analyse m'est venue en examinant la première démocratie du monde, à savoir, la démocratie athénienne ; je n'ai pas fait de lecture à ce propos, c'est-à-dire, sur le système économique qu'il faut pour la démocratie. Donc, si mes idées peuvent coïncider avec celles d'une autre œuvre, je rappelle que je ne l'ai jamais consultée. Ce qui m'oriente ici, c'est seulement la pratique du pouvoir dans les différents pays qu'ils soient démocratiques ou non. Si on examine la soif actuelle des peuples sur la gestion de l'État, même si les peuples ne savent pas discerner les régimes politiques, il apparaît du moins que la démocratie est le régime que la plupart réclament. Quand un peuple vit dans une oppression et dans des inégalités manifestes, il cherche à vivre en démocratie. Cependant, malgré que ces peuples accèdent à la démocratie, ils restent dans les mêmes revendications que dans les régimes précédents qu'ils regrettent parfois. Ce qui n'était pas le cas de la démocratie athénienne. À Athènes, la démocratie notamment avec Clisthène et Périclès avait apporté non pas seulement le changement politique, mais aussi celui des conditions sociales des citoyens. À partir de ces deux hommes politiques, le peuple athénien avait connu une stabilité politique et sociale. À cet effet, face à cela, je me suis posé la question : comment ces deux autorités avaient-elles procédé pour arriver à cet état des choses. Ainsi, après quelques lectures des documents historiques, j'ai abouti au fait que la démocratie athénienne à ces débuts avait les mêmes difficultés que la démocratie moderne. À tout moment, les citoyens ne cessaient de se soulever contre les autorités, tel que nous l'avons déjà manifesté dans la réaction du peuple athénien contre Solon, Hippias et son frère. À ces débuts, la démocratie athénienne avait fait place à la tyrannie. Celle-ci ne s'était apaisée qu'avec Clisthène et Périclès. Cette situation se justifie, si on fait très attention, par le fait que le premier moment de la démocratie athénienne était géré avec l'influence des anciens régimes. Si pour accéder au pouvoir, il fallait avoir la confiance du peuple, dans le système économique et dans la distribution des fonctions sociales, les privilèges existaient encore. On continuait à donner plus de pouvoir aux riches et la propriété privée n'avait presque pas fini. Le peuple majoritaire était moins considéré et les autorités étaient très sévères sur lui, d'où le caractère tyrannique que ce régime avait connu à ses débuts. Donc, on peut dire qu'en ce moment, le système capitaliste dominait encore à Athènes. Cependant, lorsque Clisthène était choisi, il avait aboli le système des propriétés privées et avait instauré la propriété liée à la cité et au citoyen, ce qui était suivi par Périclès après, Athènes avait atteint son apaisement interne.

Ce que ces deux acteurs politiques avaient introduit dans leur cité, c'est le système centralisé de la gestion économique, on peut dire, c'est le socialisme qu'ils avaient appliqué. Car, dans certains textes, pour avoir centralisé le pouvoir économique, Périclès est présenté comme un dictateur. C'est pour cette raison que j'ai montré dans le chapitre précédent que : le système économique qui correspond à la démocratie, c'est le socialisme, c'est-à-dire le système qui centralise tout dans la gestion économique et sociale. Lorsque la gestion économique et sociale est centralisée, on contrôle tout, on ne laisse rien s'échapper. Mais, actuellement, dans les pays à régime démocratique, on constate que la gestion économique et sociale se fait de plus en plus non pas sous le modèle socialiste, mais plutôt sous le modèle capitaliste. On gère ces sociétés avec plus de capitalisme que du socialisme. Autrement dit, la démocratie moderne est plus capitaliste que socialiste. On y voit plus les principes du système capitaliste que ceux du socialisme : liberté économique dans la vente des marchandises, pouvoir plus accordé au patron qu'à l'entreprise dans la gestion des entreprises… D'ailleurs, ces pays critiquent le socialisme dans les pays totalitaires et dits socialistes. Quand un parti socialiste arrive au pouvoir, les capitalistes font tout pour l'étouffer et présenter ce système économique comme mauvais risquant de les exposer à l'insécurité économique. Ce constat : la démocratie actuelle est plus capitaliste que socialiste, se justifie par plusieurs raisons qui sont d'ordre international et national.

1- Sur le plan international

Sur ce plan, plusieurs raisons montrent que la démocratie actuelle, a plus un caractère capitaliste que socialiste. Parmi ces raisons, on peut citer : la mesure des conditions de l'émergence d'un pays, la poursuite de la fabrication des armes de guerre, le refus de certains pays de sauvegarder les conditions naturelles, le dictat des pays développés sur les pays pauvres enfin le fameux rapport France-Afrique.

- **De la mesure des conditions de l'émergence des États**

Depuis la naissance du FMI et de la Banque Mondiale, les pays sont orientés dans leur développement par le concept émergence. Par ce concept, on mesure le niveau du développement d'un pays. C'est par lui que l'on reconnaît si un pays se développe, stagne ou régresse. Ainsi, pour mesurer cela, ces deux institutions internationales, étant économiques, ont reposé la mesure ou le principe par l'économie. Un pays est dit émergent si et seulement si, il connaît un développement économique. Ainsi, la plupart des pays qui font partie de ces deux institutions fondent leur émergence sur l'économie. Donc, si le pays avance économiquement, on dit, il émerge sans tenir compte des conditions sociales de ce pays. Ce qui compte, c'est le développement économique. Les citoyens souffrent, les inégalités sociales s'enracinent, la pauvreté gagne de plus en plus de nombreuses populations ; mais quand même on parle de l'émergence. Or, nous avons bien vu qu'en démocratie, la politique devrait se fonder sur les conditions sociales et le développement du citoyen, mais, dans la vision de l'émergence des pays, l'intérêt est fixé sur l'économie. Or, qui dit économie, dit l'argent et celui qui fixe l'intérêt sur l'argent au détriment de la vie des hommes, on l'appelle capitaliste ; ainsi, la vision de l'émergence des pays est plus capitaliste que socialiste. À cet effet, la plupart des dirigeants politiques sont fiers lorsque le FMI et la Banque Mondiale apprécient leur développement économique au nom de l'émergence économique. Ils se passent des conditions sociales des citoyens. Ce qu'on brandit est que : le FMI et la Banque Mondiale ont reconnu que nous sommes en train de nous développer. Peut-on être fier du développement économique d'un pays lorsque la grande partie de la population croupit dans la misère ? Ici on constate que pendant que les politiques s'attellent plus au développement économique, ce sont les associations à caractère non gouvernemental qui se préoccupent des conditions sociales des citoyens. Or, cela est du ressort de la politique et devrait être la première vision dans sa gestion politique. À bien voir, si on n'était pas capitaliste, on devrait bien faire la différence entre l'émergence économique et le développement d'un pays. Celle-ci serait seulement l'un des facteurs qui indiquent le développement d'un pays ou il fallait préciser que, c'est à l'émergence économique dont on fait allusion. Or, telle qu'on la présente, elle voile tout. Par exemple, quand on dit : tel pays est dans l'émergence, cette conception voile tout parce que cette émergence n'est pas définie. Ainsi, l'homme politique se cache derrière cela pour étouffer les revendications populaires liées aux mauvaises conditions de vie sociale, car, on entend partout que : « le FMI nous a dit, nous sommes un bon élève ». Il ne fait plus attention aux conditions sociales parce que pour lui, on aurait dit qu'il gère bien les finances et les conditions sociales des citoyens ne sont plus pour cela la base du développement. Pourtant, dans le domaine géographique, on nous aligne beaucoup de raisons pour justifier le développement d'un pays. À ce niveau, l'émergence économique est seulement considérée comme l'un des facteurs du développement d'un pays. À côté de cela, on parle aussi des bonnes conditions de vie sociale, autrement dit, du niveau de vie. Donc, il fallait lier ces deux facteurs pour parler réellement du développement. Cependant, dans l'appréciation actuelle de l'émergence, elle apparaît comme l'unique signe du développement, d'où aujourd'hui, on s'attelle plus à cela qu'aux conditions sociales des citoyens. À cet effet, comme on dit en économie : l'argent est la commune mesure, c'est lui qui permet l'échange dans la société ; on fait de lui la mesure, le fondement et le symbole du développement. En dehors de l'argent, tout ne compte plus.

Cette considération erronée qu'on a donnée à l'émergence donc au développement, fait que même les pays qu'on dit développés connaissent un rythme de vie inégalitaire. Le clivage pauvre-riche se manifeste de manière ahurie dans ces pays. C'est au sein d'eux que quand je regarde les films, les documentaires et certains témoignages que je reçois, je constate qu'il y a plus de pauvreté que dans les pays qu'on dit pauvres. Par exemple dans mon pays, celui qui peut manger à travers les poubelles, nous l'appelons fou. Il est difficile de parler des sans domicile fixe (Les SDF). Or, dans les pays dits développés, on constate ce genre de choses. Il y a des gens qui mangent à travers les poubelles et il y a ceux qui dorment dans les rues. Ce qui est vraiment difficile chez nous. Alors, en quoi ces pays se disent-ils développés. La réponse est simple, ils le sont par leurs fortunes économiques. En d'autres termes, ils sont développés économiquement, mais socialement, ils ont encore des problèmes. Le déséquilibre social montre que ces pays n'ont pas encore quitté le stade de la dualité de la vie qui nous place devant la trame de la contradiction où à côté du riche il y a le pauvre et à celui du pauvre, il y a le riche. Existentiellement, parler du développement, c'est quitter le stade naturel pour un stade social. Mieux, c'est, ne plus connaître ce qui est naturel au profit du monde nouveau ou de la création. Or, vu les inégalités qui persistent dans toutes les sociétés, il y a lieu de reconnaître sur certaines réalités que nous ne sommes pas encore tous socialement évolués. Nous sommes encore au stade naturel. Il y a donc lieu de penser à l'égalité sociale comme le veut la démocratie pour parler réellement du développement. Au cas contraire, on sera toujours à l'état de nature des choses. Il faut donc préciser que lorsqu'on parle de l'émergence au FMI et à la Banque Mondiale, on fait plus allusion au développement économique non au développement social, car, à ce niveau, les inégalités sont trop criantes dans la plupart des pays. Et, on ne peut pas pour cela être fier de ce développement.

De même, à travers cette analyse, je me suis rendu compte que les pays développés jugent la pauvreté sur le plan financier. Le pauvre, c'est celui qui n'a pas d'argent. Ils ne le jugent pas par les conditions sociales. Ils ne regardent pas d'abord la condition sociale, mais le niveau financier. D'où comme ils sont financièrement avancés et que les pays pauvres le sont aussi financièrement, on voit seulement la pauvreté dans ces pays-là. Par exemple, depuis longtemps, la Chine était placée parmi les pays sous-développés. Les raisons qu'on avançait, étaient d'ordre social et économique, mais dès qu'elle a connu un développement économique, malgré les conditions sociales de certains citoyens, la voilà classée parmi les pays développés, elle occupe tantôt la deuxième, tantôt la première puissance économique du monde. Le développement économique de la Chine fait sa fierté devant le monde. Ce qui n'est pas le cas dans la civilisation kongo. Basée au début sur le troc, cette civilisation jugeait la pauvreté à travers les biens. Ceux-ci, on les acquérait non pas par l'argent, mais par la force. Pour être riche, il fallait faire usage de sa force physique et intellectuelle. Ainsi, il y a un adage qui dit : « quand tu as la force, profites-en » (« ngolo bu mu baka, ndila ») et un autre dit : « quand tu as un faible en face de toi, profites-en » (« wa bakisina mbangu, mbouéta ntu »). Donc, ici, la force de tout, c'est la force. C'est par elle que l'on peut être riche ou pauvre puisqu'on dit même : « si tu n'as pas la force, que vas-tu devenir ? L'homme doit avoir la force ». La force est même l'être de l'être, c'est-à-dire, c'est elle qui est et qui fait l'homme ou toute chose. Ainsi, le manque de force était considéré comme la cause qui ferait que l'on n'ait pas de biens et donc que l'on soit pauvre. Ici, le pauvre n'est pas pauvre parce qu'il manque d'argent, mais c'est parce qu'il manque de force. En ce sens, on peut dire que chez les Kongo, la force, c'est l'argent. Ce n'est pas l'argent qui fait la force, mais c'est la force qui fait l'argent. Cette vision qui montre que tout repose sur la force, je ne suis pas le premier à la concevoir ou à la constater. Dans son livre, *La Philosophie Bantoue*, le Révérend Père Placide TEMPELS parlant de l'être de l'être, c'est-à-dire, de ce qui justifie l'existence de toute chose en Afrique, montre déjà que chez les Africains, tout est force, en d'autres termes, tout existe en tant que force et tout vient d'elle. Rien n'est autre que la force et rien ne peut s'expliquer dans la vie sans une force donnée. Tel qu'il le dit en ces termes : « En effet, la formule européenne "avoir la force", nous la comprenons inconsciemment d'après notre philosophie. Si nous formulons le concept d'être du Bantou comme étant : "la chose qui possède la force", le lecteur en retiendra que la force est considérée comme un attribut de l'être. Or, pour le Bantou, la force n'est pas un accident, c'est même bien plus qu'un accident nécessaire, c'est l'essence même de l'être en soi. Pour lui la force vitale, c'est l'être même tel qu'il est, dans sa totalité réelle, actuellement réalisé et actuellement capable d'une réalisation plus intense. Cette force se réalisant plus ou moins, l'être même se réalise plus ou moins. Les changements de l'être sont, pour eux, les réalisations variées, les degrés, les croissances ou les intensités ontologiques de l'être lui-même… L'être est force, la force est l'être. »[22] Ainsi, en cas de quoi, il faut chercher à avoir la force ou se défendre par elle. On ne peut s'affranchir sans elle. C'est pour cette raison que chez les Kongo dès l'enfance, il fallait renforcer le jeune garçon par des totems et un faible faisait pitié. On le renforçait pour lui donner les moyens d'être à mesure de produire lui-même ses propres biens à l'âge adulte et pour le prévenir contre la disette. Donc, pendant que dans ce système on cherchait à amener tout le monde à avoir les conditions de la force donc, de la richesse, dans le système occidental au contraire, on cherche à se développer soi-même au détriment des autres. On ne cherche pas à mettre

---

[22] Placide Tempels, *La Philosophie Bantoue*, éd, PRESENCE AFRICAINE, France, 1965, P.35-36

tout le monde dans les conditions pour avoir l'argent, mais on cherche à freiner les autres pour qu'il n'arrive pas au même niveau que le plus riche. Ce système repose sur la concurrence alors que celui des Kongo reposait sur l'équilibre social. Si les premiers ont construit, ceux qui viennent après devraient aussi avoir la force pour construire. En ce sens, personne ne pouvait profiter de l'autre. Or, le système capitaliste se fonde sur le profit. C'est ce qui se manifeste au niveau international. Tel que je veux le développer dans le rapport entre pays riches et pays pauvres.

Le problème que la Grèce avec le gouvernement d'Alexis TSIPRAS, ses partenaires de l'Union Européenne et le FMI ont connu, s'explique par le fait que, le FMI et les partenaires de la Grèce de l'Union européenne protégeaient l'économie. Ils voulaient plus garantir l'intérêt économique alors que le gouvernement grec d'Alexis TSIPRAS protégeait les intérêts du peuple. Les uns parlaient de l'économie, les autres des citoyens. Voilà pourquoi, il s'était établi comme un dialogue de sourds. Les deux parties ne partaient pas des mêmes bases et ne défendaient pas les mêmes causes ou les mêmes intérêts. Cette histoire a bien manifesté la guerre entre les deux systèmes économiques, c'est-à-dire entre le capitalisme et le socialisme. Ici, les deux camps ne s'étaient pas opposés sur le régime politique mais, c'était sur le système économique. Le régime politique des deux camps, c'est la démocratie alors que sur le plan économique le FMI et les partenaires de la Grèce de l'Union européenne manifestaient le capitalisme et Alexis TSIPRAS le socialisme. Ce qui prouve à suffisance qu'il est difficile que le capitalisme cohabite avec le socialisme. D'où, les partis capitalistes ne s'entendront jamais avec les partis socialistes car, ils n'ont pas les mêmes appuis ou les mêmes objectifs sociaux. Si les peuples ne font pas attention à cette guerre des partis, ils en payeront toujours le prix par des formes multiples. C'est ainsi que devant la faiblesse économique de la Grèce, Alexis TSIPRAS était contraint d'accepter un plan d'austérité auquel il n'a jamais cru. Le peuple grec devrait dans ces conditions accepter une pilule amère face à l'intransigeance du capitalisme européen. Dans ces circonstances, il revient aux peuples de revoir la question des partis politiques et réclamer leur abolition pour passer à la politique de plus en plus libérale qui nous amènera au consensus ou au vrai dialogue démocratique. Ce que le peuple grec a subi, c'est un dictat, une contrainte de son adhésion à un système qui est de plus en plus capitaliste que socialiste.

- **De la poursuite de la fabrication des armes de guerre**

Si on se réfère à la condition de l'homme dans ses origines, il apparaît que l'homme n'a pas été créé avec les armes sophistiquées pour sa défense. Naturellement, l'homme a été doté de la force physique et intellectuelle pour se défendre. Ses armes, ce sont : les mains, la tête, les pieds, les ongles et les dents. Ainsi, l'histoire nous renseigne bien comment, on est arrivé à la fabrication des armes sophistiquées ou armes de guerre.

En effet, selon l'étude historique, les armes ont été fabriquées à la suite de la découverte de la métallurgie pour servir de chasse et de défense contre les animaux féroces. À la lumière de cette étude, il se manifeste qu'avant la découverte de la métallurgie, l'homme comme les autres animaux utilisait sa force physique et intellectuelle pour faire la chasse et se défendre. Par exemple, il utilisait des pièges faits à base du bois pour attraper un gibier ou un animal. Cependant, avec l'évolution des temps, l'homme avait découvert le feu.

Cette découverte lui avait permis de fondre le fer, d'où la découverte de la métallurgie. À partir de cette découverte, l'homme avait créé des outils rudimentaires tels que la houe, la machette, la hache pour l'agriculture ; la flèche et après le fusil comme arme pour la chasse. À cet effet, lorsque l'homme utilisait la flèche et le fusil pour la chasse, il s'était rendu compte qu'il pouvait aussi les utiliser comme arme pour sa défense contre les animaux féroces. Mais, cette utilisation ne s'arrêtera pas avec les animaux féroces, elle s'étendra jusqu'à l'homme. Cela s'explique par le fait que dans les rapports intersubjectifs, c'est-à-dire, entre les hommes ; la nature nous a dotés des forces inégales. Certains sont plus forts que les autres et donc pendant une contradiction, les plus forts utilisaient leur force contre les plus faibles. Ainsi, pour se défendre contre la loi du plus fort, les faibles faisaient usage de la flèche ou du fusil. D'où, il y a un adage qui dit : « se battre avec les armes, c'est l'esprit des faibles. Un homme se bat avec le coup de poing ». Cette situation qui commença ainsi s'était répercutée dans la formation des territoires. L'occupation des terres entre deux peuples pouvait entraîner une lutte, un combat ou une guerre. Si avant, on se battait à coup de poing et de bâton, avec la découverte de la flèche, les hommes l'utilisaient pour la guerre. Donc, à l'origine, l'arme n'avait pas été créée pour la guerre ou le combat, mais elle l'était pour la chasse et se défendre contre les animaux féroces.

Ce détournement de l'arme dès sa découverte fit que finalement, l'homme se concentre sur la fabrication des armes de guerre et crée des corporations sociales appelées armées. Depuis l'Antiquité donc, chaque royaume, chaque territoire se concentrent sur la fabrication des armes pour sa défense. Or, nous savons très bien pourquoi les armes de guerre ont été créées. L'analyse des données historiques nous montre que ce qui caractérisait les royaumes, c'est l'esprit d'occupation et de domination. Chaque royaume voulait dominer et étendre son pouvoir sur les autres. À cet effet, pour prévenir cet esprit chaque territoire se dotait d'un armement et d'une armée. À cette époque, on n'avait pas une organisation internationale pouvant régler les conflits entre nations, seule la guerre pouvait le faire. Si les alliances existaient, il n'y avait pas une institution comme l'ONU pour gérer les conflits. De même, en ce moment, on prenait la guerre comme une bonne chose. Ceux qui partaient en guerre étaient gais parce qu'ils voyaient la victoire, la domination envers les autres. Ils n'avaient que ça comme seul moyen pour régler un conflit. Le dialogue n'était pas souvent à la mode.

En cas de contradiction entre deux rois ou entre deux peuples, c'est la guerre qui s'en suivait. Cependant, avec l'évolution et les nombreuses guerres que le monde a connues, aujourd'hui, chacun a compris que la guerre n'est pas bonne, elle est la plus mauvaise des choses qu'une société peut connaître. Pour cela, après la Deuxième Guerre mondiale, le monde a créé une institution internationale pour veiller à la paix et penser à la fin des guerres. Des mesures ont été prises telles que l'arrêt de la course aux armements, la diminution de la fabrication d'armes, le contrôle de la vente d'armes… Mais, malgré ces mesures, les grandes puissances continuent à fabriquer les armes et à les vendre dans les pays où les populations s'entretuent. Les guerres entre nations tendent peu à peu à disparaître et les guerres intestines prennent de plus en plus d'ampleur. L'ONU veut les arrêter, or, lesquels constituent sa force : ce sont les grandes puissances. Ces dernières développent leurs économies par la vente d'armes. En d'autres termes, la vente d'armes constitue, une rubrique dans les recettes budgétaires des grandes puissances, donc si les guerres s'arrêtent, qui va encore acheter leurs armes, les économies de ces puissances feront faillite. Les grandes puissances poussent le monde à se maintenir dans les guerres. Lorsqu'elles cherchent à mettre fin aux guerres, elles font comme quelqu'un qui veut éteindre le feu en jetant de l'essence à la place de l'eau. Elles savent très bien que pour mettre fin aux guerres civiles, il faut cesser de vendre les armes aux pays en guerre. Mais, même si cela est décidé au niveau de l'ONU, on entend que les armes de telle puissance sont vendues illicitement dans ces pays. Alors, la question qu'on peut se poser est la suivante : pourquoi les grandes puissances continuent-elles à fabriquer les armes si on ne veut plus de guerre ?

La réponse est aisée, elles continuent à le faire pour des besoins d'argent. Fabriquer pour vendre afin de renflouer les caisses de l'État. Si les grandes puissances ne continuent plus à fabriquer et à vendre les armes, leurs économies connaîtront une chute considérable. Ainsi, pour éviter cela, elles sont obligées de maintenir ces actions. Dans la décision sur un État, la contradiction qui se manifeste entre elles ne s'explique pas seulement par le régime politique, mais aussi en tant que débouché de la vente d'armes. Par exemple, si le pays achète les armes aux USA membres de l'OTAN, les pays de l'OTAN ne peuvent pas accepter que la Chine et la Russie aient des rapports avec ce pays où interviennent là-bas en cas de guerre civile et vice versa. Ici, ces puissances ne se préoccupent pas des vies humaines, elles regardent plus l'argent, car même politiquement aucune assistance internationale ne se fait sans viser l'intérêt. Les actions des grandes puissances sont guidées par le profit. Devant l'absence des guerres internationales, elles profitent des guerres intestines pour écouler leurs armes. Or, tout esprit qui pense au profit, qui agit par intérêt, nous l'appelons capitaliste, donc, les grandes puissances dans les rapports internationaux agissent en capitalistes. Comme les partis dans les pays démocratiques se cachent derrière la démocratie pour masquer leur capitalisme, les grandes puissances le font aussi. Elles utilisent la démocratie pour masquer leur capitalisme international. Cela se manifeste par le fait que ces puissances ont des préférences des partis. Elles ne veulent pas travailler avec tous les partis dans un pays donné. Elles choisissent les partis qui vont avec leurs intérêts. Ceux qui se concentrent sur l'intérêt des autochtones, elles ne veulent pas les voir accéder au pouvoir. D'où elles s'acharnent sur les nationalistes. Ces derniers pourtant ont une vision portant sur le bien de leurs populations, mais comme les grandes puissances savent que s'ils arrivent au pouvoir, leurs intérêts seront menacés, elles sont contraintes de les étouffer, de monter des gens qui peuvent facilement les éliminer. Donc, ce qui compte pour les grandes puissances, c'est leurs propres intérêts, la vie des autres ce n'est pas leur problème. Ainsi, on peut emprunter les mots d'Albert Camus qui voyant les décisions qui se prenaient à l'ONU en son temps, au nom de la démocratie internationale qui repose plus sur les gouvernements non sur un pouvoir législatif universellement élu déclara : « Nous sommes dans un régime de dictature internationale. La seule façon d'en sortir est de mettre la loi internationale au-dessus des gouvernements, donc de faire cette loi, donc de disposer d'un parlement, donc de constituer ce parlement au moyen d'élections mondiales auxquelles participeront tous les peuples »[23].

D'aucuns diront comment comprendre que ces grandes puissances vont en aide des populations en peine. Ce qu'il faut comprendre, c'est que politiquement, ces pays se

---

[23]Albert Camus, *Actuelles*, écrits politiques, éd. Gallimard, Paris, 1950, p.135

fondent sur l'intérêt. Ils sont guidés par le principe : « l'intérêt guide l'homme ». L'assistance qu'elles apportent, il faut l'observer avec attention, elle est connotée d'intérêt. En cas de conflit dans un pays, ces puissances assistent politiquement les populations selon le camp qu'ils soutiennent. Par exemple, si l'OTAN est contre la rébellion, tous les pays de l'OTAN n'apporteront pas politiquement de l'aide aux populations qui soutiennent cette rébellion. C'est de même pour les Orientaux. Les ONG peuvent le faire, mais pas la politique. Cela se manifeste parce que la politique voit l'intérêt alors que les ONG se fondent sur l'humanisme.

Tant que durera cet esprit, le monde ne connaîtra jamais de paix, car, la paix suppose la fin de la fabrication d'armes et l'absence du profit. Là où l'esprit du profit règne, il ne peut y avoir de paix. Non seulement que le profiteur cherche à créer des discordes entre ceux sur qui porte son profit, mais, quand il profite trop, ceux qui sont lésés peuvent se révolter et donc mettre la paix en péril, réalité à comprendre entre l'employé et l'employeur. Si l'employeur profite trop de l'employé, ce dernier finit souvent par se révolter et les rapports prennent un coup fatal.

- **De l'exploitation des pays développés sur les pays pauvres**

Les rapports entre les pays ou entre les sociétés peuvent être vus en trois phases ou en trois moments : de l'Antiquité au XVIIIe siècle, du XVIIIe siècle à la fin de la Deuxième Guerre mondiale et de la fin de la Deuxième Guerre mondiale à aujourd'hui.

Si on s'attelle sur l'histoire, les rapports entre les sociétés, avant la révolution industrielle, donc de l'Antiquité au XVIIIe siècle, ne se lisaient pas entre les pays en tant que pays pauvres et pays développés ; ils l'étaient en tant que sociétés civilisées et sociétés sauvages. En ce moment, on mesurait non pas le degré du développement industriel ou économique, mais le niveau de vie, la façon dont les sociétés résolvaient les problèmes qui se posent à l'existence humaine. On distinguait les sociétés par l'établissement des lois pouvant les régir. C'est ainsi que les Grecs par exemple parlaient des barbares pour indiquer l'étranger qui ne partageait pas les mêmes lois avec eux et celui qui vivait à l'intérieur de la cité était appelé métèque ; les Juifs dans la Bible considéraient les autres peuples comme des païens. C'est aussi en partant des lois établies que les sociologues et les ethnologues étudiaient les sociétés civilisées dites encore sociétés évoluées des sociétés primitives dites encore sociétés sauvages. Aux yeux des sociologues et des ethnologues, les sociétés dites civilisées vivent avec des lois créées dans la société, c'est-à-dire, elles vivent avec des lois et des objectifs issus de la raison alors que les sociétés primitives sont celles qui vivent encore sous l'influence de la nature. Cette distinction, nous la retrouvons chez Hegel lorsqu'il dit, parlant de l'Afrique : « Le caractère particulier de l'Afrique est difficile à saisir parce qu'il nous faut renoncer ici à ce que chez nous se mêle à toute représentation, à la catégorie du général. Ce qui caractérise les nègres, c'est précisément que leur conscience n'en est arrivée qu'à l'intuition de quelques objectivités fermes, comme Dieu, la Loi, où l'homme se tiendrait avec sa volonté, en ayant l'intuition de son être… Comme il a déjà été dit, le nègre représente l'homme naturel dans toute sa sauvagerie et sa pétulance… Cette condition n'est susceptible d'aucune évolution et d'aucune culture et tels nous les voyons aujourd'hui tels ils furent toujours. » [24] Hegel décrit par cette conception la différence entre les sociétés évoluées et les sociétés primitives. Il montre que les Noirs jusqu'à cette époque n'avaient jamais connu de lois, ils n'avaient aucune représentation de Dieu et tels qu'ils avaient été, tels qu'ils ont été. On peut dire par là que les sociétés évoluées se fondent sur la loi et l'objectivité transcendantales. Elles vivent avec des représentations supérieures à la nature. Cependant, les sociétés non évoluées donc, sauvages vivent encore sous la dépendance de la nature. Ainsi, en ce moment, les sociétés ne se distinguaient pas par le développement économique, mais par le développement de la mentalité, par le degré du détachement vis-à-vis de la nature. Les sociétés évoluées sont celles qui se seraient libérées de la dépendance naturelle, celles qui devenaient de plus en plus indépendantes de la nature dans leur mentalité. On se basait pour cela à observer la mentalité de chaque peuple pour dire s'il était ou non évolué. Ainsi, dans leur rapport, les sociétés ne cherchaient pas à vivre ensemble. Elles vivaient dans l'esprit de déconsidération, d'exclusion les unes des autres. Par exemple quand Hegel dit : « L'Afrique proprement dite, aussi loin que remonte l'histoire, est restée fermée sans lien avec le reste du monde, c'est le pays de l'or, replié sur lui-même, le pays de l'enfance qui au-delà du jour de l'histoire consciente était enveloppée dans la couleur noire de la nuit… Partout aussi se trouve en arrière vers l'intérieur, une ceinture marécageuse avec la végétation la plus opulente, partie de prédilection d'animaux féroces de serpents de tous genres, bordure dont l'atmosphère est empoisonnée pour les

[24] Hegel, Leçons sur la philosophie de l'histoire, éd. Vrin, Paris, p.75-79

Européens. »[25] Il voulait dire que l'Afrique n'avait jamais connu des rapports avec les autres continents. Mais, il ne s'agit pas du rapport simple, c'est-à-dire, le contact avec les autres, il s'agit plutôt d'une vie d'ensemble, s'échanger les cultures. En parlant de : bordure dont l'atmosphère est empoisonnée pour les Européens, il voulait inciter les Européens à éviter l'Afrique. Cet esprit que nous retrouvons ici chez Hegel n'est autre que celui que Dieu manifeste dans la Bible lorsqu'il dit aux Israélites de chasser les peuples qu'ils trouveraient à Canaan, parce que ne partageant pas une même foi ou une même croyance avec eux. De même, c'est pour cette raison que presque tous les peuples voulaient vivre en autarcie tel qu'en Afrique, les Bantous ne voulaient pas cohabiter avec les pygmées. Ces derniers d'eux-mêmes ne pouvaient pas se rapprocher des Bantous. Aussi, dans l'histoire du Congo, il est dit que l'occupation actuelle d'une des parties de l'ancien royaume téké notamment le centre du département du pool par les Laris s'explique par l'immigration des Tékés face à l'avancée des Kongo. En effet, selon cette histoire, les Tékés ne voulaient pas cohabiter avec les Kongo, d'où devant leur avancée, ils n'avaient comme solution qu'émigrer vers le Nord. À cet effet, quand les sociétés vivaient ainsi, on ne parlait pas d'exploitation. Ce qui les animait, ce fut la politique de la conquête en cherchant à conquérir et à dominer les autres.

Cet état des choses s'était manifesté jusqu'au XVIIIe siècle avant la révolution industrielle. Cependant, après cette révolution, le monde avait connu une autre forme de rapport entre les sociétés. Les sociétés qui, avant étaient dites sociétés civilisées, étaient devenues des sociétés industrialisées. Elles avaient besoin des matières

---

[25] Hegel, Leçons sur la philosophie de l'histoire, éd. Vrin, Paris, p.75

premières pour le fonctionnement de leurs industries. Ainsi, elles vont se tourner vers les sociétés primitives pour en faire leurs sources des matières premières et des débouchés des produits finis. Les rapports avaient changé ici. Mais, suite à la contradiction et aux écueils que les grandes puissances avaient entre elles sur l'extraction de ces matières dans les différents territoires, une conférence (la conférence de Berlin) sera organisée pour le partage de ces territoires. À cet effet, ces territoires furent transformés en colonies et finalement, chaque puissance avait ses propres colonies. Celles-ci au début assuraient donc le rôle de sources des matières premières et des débouchés des produits finis pour la puissance qui les occupait. Avec l'évolution, les colonies tendaient à prendre d'autres sens. Par exemple, la Grande-Bretagne les avait aussi transformées en colonies de peuplement alors que pour la France, elle en avait fait des territoires français d'outre-mer. En ce moment, les colonies étaient presque considérées au même titre que la métropole, car, on cherchait à avoir les mêmes conditions de vie dans les colonies que dans les métropoles, même si les autochtones étaient toujours considérés comme des gens non civilisés. À cet effet, la colonisation avait trois objectifs : apporter la civilisation aux non civilisés, faire des colonies des territoires occupés, des sources des matières premières et des débouchés des produits finis. Ce qui apparaît ici est que les notions qui orientaient la colonisation, c'était toujours les notions de peuple civilisé et de peuple sauvage. En d'autres termes, l'influence de ces notions n'avait pas pris fin en ce moment. C'est elles qui justifiaient le sort des autochtones vis-à-vis des colons. Donc, avec l'ambition de civiliser ces territoires, l'exclusion en ce moment prenait le recul. Les colons cherchaient à améliorer leurs conditions de vie. Cela montre comment, entre la révolution industrielle et la fin de la Deuxième Guerre mondiale, les sociétés civilisées cherchaient à mettre fin au clivage sociétés civilisées-sociétés sauvages. Elles voulaient que toutes les sociétés fussent civilisées. Avec cette ambition, on ne parlait pas de pays riches et de pays pauvres. Ces notions ne sont apparues qu'après la Deuxième Guerre mondiale.

En effet, après cette guerre, la plupart des colonies avaient réclamé leurs indépendances. Elles étaient devenues des territoires indépendants formant ainsi des États libres avec leurs propres économies, leurs propres organisations administratives et politiques. En cette période, suite à la création de l'ONU, deux institutions économiques : le FMI et la Banque mondiale ont été créés avec pour objectif : garantir le développement économique des États. Ainsi, se concentrent-elles aux conditions pour le développement économique de chaque État et au classement des pays riches dits encore développés et des pays pauvres dits pays sous-développés. C'est donc avec l'arrivée du FMI et de la Banque mondiale que les rapports entre les États se lisent entre pays riches et pays pauvres. Ce qui pousse ces institutions à le faire, c'est le capital, c'est-à-dire, la masse monétaire. Les pays riches sont riches par l'argent et les pays pauvres le sont aussi par lui. Ainsi, en fixant, le développement rien que sur la masse monétaire, le FMI et la Banque mondiale ont détourné la mission que les pays développés avaient sur les pays sous développés avant la Deuxième Guerre mondiale. Mission qui consistait à amener les mêmes conditions de vie dans les colonies afin qu'il n'y eût point de différence entre les colonies et les métropoles. Fixées aujourd'hui sur l'argent, les grandes puissances se consacrent seulement à s'enrichir au détriment des pays pauvres. Dans les échanges comme dans l'exploitation des matières, ces pays veulent toujours tirer profit, ils exploitent les pays pauvres. Quand, ils se confrontent aux dirigeants qui défendent plus la cause de leurs territoires, ils font le tout de les éliminer pour mettre en place ceux qui sont en leur faveur. Les pays développés pillent les matières des pays sous-développés, ils s'en passent parfois des accords internationaux pour s'enrichir de plus belle et appauvrir les pays sous-développés. Même s'ils font semblant de parler du développement pour les pays pauvres, au fond, ils veulent les voir dans ces conditions. Car, dès qu'un pays commence à accroître son économie, les pays développés ont toujours tendance de le freiner. Ainsi, comme le riche a peur que le pauvre ne devienne riche de peur qu'il n'ait plus quelqu'un qui va le respecter et qu'il va commander ; les pays développés ont le même esprit devant les pays pauvres. Car, comment expliquer que dès qu'un pays a un leader qui veut son développement, les autorités des pays développés commencent à parler mal de lui. Elles font parfois le tout de diminuer sa confiance au niveau de son peuple. De même, il n'y a jamais eu de discussion véritable dans le partage des biens communs entre les pays riches et les pays pauvres. Les pays riches ont toujours tendance d'imposer les choses, même quand la matière appartient aux pays pauvres. C'est le cas de la gestion du pétrole à l'échelle internationale.

Donc, si pendant la colonisation les pays civilisés avaient, en dehors de leur comportement égaré sur les autochtones, une vision sociale : développer les colonies au même titre que les métropoles, les pays développés aujourd'hui sont plus capitalistes. Pourtant, ces pays sont pour la plupart démocratiques, mais dans les rapports d'échange et d'exploitation des matières dans les pays pauvres, ils agissent en autocrates. Ils n'engagent pas souvent des débats sérieux et laborieux avec ces pays au contraire, ils imposent leur point de vue. Pour eux, la voix des pauvres ne compte pas. Entre eux, ils engagent des négociations sérieuses, mais avec les pays pauvres, ils imposent leurs volontés. Si ces pays continuent à agir ainsi, le développement des pays pauvres ne sera que de nom, il ne sera jamais réel. Le monde en réalité a besoin d'un grand dialogue politique et économique entre les pays pauvres et les pays riches, un dialogue qui devra garantir les pays pauvres de leurs matières et de leurs richesses au lieu de les laisser seulement au profit des impérialistes capitalistes qui placent des autorités acquises pour leurs intérêts au détriment des intérêts des pays pauvres.

Les rapports entre pays pauvres et pays riches ne se fondent que sur le profit des pays développés. La recherche de l'argent et le souci du développement économique font que les pays riches exploitent les pays pauvres. Ces derniers vivent sous la dictature des pays riches comme le pauvre vit sur celle du riche. Nous sommes donc dans une forme de capitalisme international.

- **Du rapport France-Afrique**

Le rapport France-Afrique manifeste aussi le caractère capitaliste dans les rapports entre États au niveau des autorités. En effet, depuis l'avènement du multipartisme deuxième version[26] en Afrique, plusieurs documentaires ne cessent de nous montrer comment se passaient les

---

[26] J'appelle cela deuxième version parce qu'avant le multipartisme des années 1990, la plupart des colonies africaines avaient connu le multipartisme comme système politique après la décolonisation ou lors de leurs indépendances respectives. Après des guerres civiles et le désordre politique que ces pays avaient dans ce régime, la plupart avaient basculé dans le monopartisme, la dictature. Cependant, avec l'influence occidentale dans les années 90, ces pays étaient revenus au multipartisme. D'où je qualifie ce moment comme la deuxième version.

rapports entre les autorités politiques de la France avec celles des anciennes colonies françaises. Ces documentaires manifestent qu'en dehors de l'intérêt que la France en tant que pays avait sur ses anciennes colonies, il s'était développé une politique de corruption entre les autorités. Les présidents français ne se contentaient pas seulement de la richesse ou l'économie de leur pays dans leurs rapports avec les anciennes colonies, mais ils avaient instauré un système des dessous-de-table avec les autorités africaines. Ces documentaires ne cessent de révéler que ce système aurait commencé avec le Général Charles de Gaulle jusqu'à François Mitterrand. Tous les présidents français ayant dirigé la France avant Jacques Chirac et depuis Charles de Gaulle l'auraient connu. Celui-ci était instauré au profit des autorités françaises et de celles des anciennes colonies, il ne l'était pas pour les peuples français et colonisés.

L'analyse de ce comportement manifeste bien le caractère capitaliste, car, pourtant, tous les présidents français de ce moment étaient démocrates et en démocratie, par rapport à l'expression « pouvoir pour le peuple » qui dit bien que tout ce qu'on fait, on le fait au bénéfice du peuple, ils devraient avoir une vision orientée sur l'intérêt du peuple français, mais, lorsque ces présidents engageaient ce système, ils ne visaient pas l'intérêt du peuple, mais plutôt leurs intérêts. Leur souci ne portait pas sur les avantages des peuples, mais c'était sur les leurs. Viser ses propres intérêts au détriment de ceux du peuple, c'est bel et bien le capitalisme en soi. Donc, les autorités françaises de ce moment dans ce rapport étaient plus capitalistes que démocrates. Aujourd'hui, personne ne peut ignorer ce que ce système a coûté et coûte encore aux pays africains.

- **De la perte de l'objectif de la science**

Dans ses origines, l'homme n'était pas né avec la science, celle-ci, à en croire Gaston Bachelard vient ou émane de l'esprit humain lorsqu'il dit : « la science est un produit de l'esprit humain, produit conforme aux lois de notre pensée adaptée au monde extérieur »[27]. Donc, l'existence de la science ne s'explique pas par une obligation naturelle, mais seulement par la puissance créatrice de l'homme. Comme l'homme a créé les arts par exemple la sculpture, le journalisme, le cinéma, la poésie ; il a aussi créé la science. On peut dire par là que la science résulte de la création humaine au même titre que les arts. Or, lorsqu'on crée quelque chose, on le crée avec un objectif précis. On ne crée pas sans un objectif, on le fait pour un but donné. Chaque art avait été créé pour un intérêt donné. Avant, la plupart d'entre eux servaient pour le divertissement, non pour des besoins lucratifs. Ainsi, l'homme n'avait pas créé la science sans un but. Il l'avait créée avec un intérêt précis et selon Aristote la science existe pour répondre aux besoins utilitaires de l'homme. En effet, voulant distinguer la philosophie des autres sciences, Aristote écrit : « Ainsi donc, si ce fut pour échapper à l'ignorance que les premiers philosophes se livrèrent à la philosophie, il est clair qu'ils poursuivaient la science en vue de connaître et non pour une fin utilitaire. Ce qui s'est passé en réalité en fournit la preuve : presque tous les arts qui s'appliquent aux nécessités, et ceux qui s'intéressent au bien-être et à l'agrément de la vie étaient déjà connus… »[28] Aristote manifeste ici le but de la science, il en distingue deux : celui de la philosophie et

---

[27] Gaston Bachelard, *Le nouvel esprit scientifique*, éd. Cérès, Tunis, 1993, p.5
[28] Aristote, *Métaphysique*, éd. J. Vrin, Paris, 1991, p.9

celui de celles qu'il qualifie des arts. À ces yeux, s'agissant de la philosophie, les premiers philosophes pratiquèrent la philosophie pour le besoin de la connaissance seulement. Ils ne philosophèrent pas pour répondre à un problème ou pour résoudre une nécessité. Cela veut dire que la philosophie n'est pas née pour un besoin utilitaire, mais, elle existe pour la connaissance seulement tel qu'il dit parlant de la philosophie : « connaître et savoir pour connaître et savoir : tel est le caractère principal de la science du suprême connaissable, car celui qui veut connaître pour connaître choisira de préférence la science parfaite, c'est-à-dire la science du connaissable par excellence. » [29]. Cependant, lorsqu'il parle des arts qui s'appliquent aux nécessités et de ceux qui s'intéressent au bien-être et à l'agrément de la vie, il fait allusion à certaines sciences qui existaient déjà avant la philosophie. Par exemple la médecine était déjà là, non pas en tant que science, mais elle était considérée comme un art servant au bien-être, à la santé, car, le serment d'Hippocrate existait depuis le quatrième siècle alors que la philosophie ne l'était qu'au cinquième avant Jésus-Christ selon l'histoire. À côté de la médecine, il y avait les mathématiques qui servaient pour compter et tracer des figures, la gymnastique pour l'éducation du corps et la musique pour l'éducation de l'esprit. Parlant donc de ces sciences en dehors de la philosophie, Aristote manifeste ici que celles-ci sont liées aux nécessités, au bien-être et à l'agrément. Il montre par là, le but des autres sciences en dehors de la philosophie. Donc, Aristote précise bien l'objectif des sciences. Elles servent à la nécessité, au bien-être et à l'agrément de la vie, il ne parle pas ici de l'intérêt lucratif, pécuniaire ou capitaliste. S'agit-il de la nécessité, du bien-être et de l'agrément individuels ? Je

[29] Aristote, *Métaphysique*, éd. J. Vrin, Paris, 1991, p.8

réponds, non ! Car, la science a un caractère universel. Ce qu'on fait en science non seulement, on le fait pour connaître le problème qui se pose à l'humanité, mais aussi pour apporter la solution à ce problème. En effet, il n'y a pas de science sans problème. Chaque science travaille au nom d'un problème donné. Tel que le dit Gaston Bachelard en ces termes : « L'esprit scientifique nous interdit d'avoir une opinion sur des questions que nous ne connaissons pas, sur des questions que nous ne savons pas formuler clairement. Avant tout, il faut savoir poser les problèmes. Et quoi qu'on dise, dans la vie scientifique, les problèmes ne se posent pas d'eux-mêmes. Pour un esprit scientifique, toute connaissance est une réponse à une question. S'il n'y a pas eu de question, il ne peut y avoir de connaissance scientifique. Rien ne va de soi, rien n'est donné, tout est construit »[30]. Or, le problème de la science ne se révèle pas individuellement. Comme Bachelard dit, c'est une réponse à une question, la question se pose sur les problèmes de la vie. Ainsi donc, la science s'intéresse à ce qui est universel et répond à la nécessité, d'où Aristote dit : « … la science est le concept de l'universel et du nécessaire… »[31]. Donc, dans ses fondements la science n'a pas un caractère individuel tant dans sa conception des choses que dans ses résultats. Elle ne regarde pas l'intérêt particulier de ceux qui la pratiquent. Mais, comme on dit, elle est au service de l'humanité : apporter des solutions aux problèmes qui se posent à l'homme, voilà le but de la science.

---

[30] Gaston Bachelard, La formation de l'esprit scientifique, cité par Georges Pascal in Textes philosophiques,

[31] Aristote, *Ethique à Nicomaque*, éd. G.F. Flammarion, Paris, 1992, p.159

Cependant, que remarquons-nous aujourd'hui ? L'esprit capitaliste a tout détruit. Au lieu de penser à l'humanité, l'homme de science fait d'elle aujourd'hui un moyen d'enrichissement. Il vise plus ses propres intérêts au détriment de la vie des citoyens. Ce qui intéresse aujourd'hui l'homme de science, c'est avoir l'argent. Il fait de la science sa source de revenus. Au lieu de mettre fin aux problèmes de l'humanité, il en crée de plus belle. Par exemple, le serment d'Hippocrate demande aux médecins de se consacrer d'abord à la santé et de travailler en toute honnêteté, car, il dit : « Je dirigerai le régime des malades à leur avantage, suivant mes forces et mon jugement, et je m'abstiendrai de tout mal et de toute injustice. »[32]. Les médecins au contraire, aujourd'hui, dans certains pays mettent l'argent en avant. Pour recevoir les malades que ce soit dans les hôpitaux publics que privés, on a instauré le système de payer la consultation. Lorsqu'un malade n'a pas ces frais, il est abandonné à lui-même. Il ne peut rentrer en contact avec le médecin et il ne peut recevoir aucun traitement, car à tout moment, on lui demande le ticket de la caisse. Ce dernier s'il ne trouve pas un bon samaritain, il se confie aux méthodes traditionnelles qui s'avèrent de plus en plus dangereuses. De même, les fabricants des produits pharmaceutiques ne se fondent pas sur le revenu des gens ou des citoyens pour fixer les prix de ces produits. Partout, les citoyens se plaignent de leur cherté, mais ni les gouvernements, ni les pharmaciens, personne ne fait des efforts pour réduire cette souffrance des citoyens. Ce qui les expose à consommer les produits contrefaits. Et, c'est certainement pour cette raison que le Président BARACK OBAMA avait pris la loi appelée « l'obamacare » (l'application de

---

[32] Serment D'Hippocrate cité dans Microsoft ® Encarta ® 2009. © 1993-2008 Microsoft Corporation

l'assurance maladie aux USA comme ça se passe dans certains pays en Europe). Aujourd'hui le rôle premier de la médecine qui consiste à guérir d'abord le malade, auprès des citoyens ne se manifeste que lors des épidémies. Lorsqu'il s'agit de ce genre de maladies ou des endémies, nous voyons le monde entier s'agiter. Le principe « sauvons d'abord les malades » se manifeste parce que là les capitalistes ont peur d'être attaqués. Mais, quand il s'agit des individualités, malgré le type de la maladie (car il y a des maladies qui coûtent cher) on ne reçoit aucune assistance dans certains pays et nombreux meurent faute de moyen. La médecine qui devrait être un moyen de sauver les malades, est devenue un objet d'angoisse pour les malades qui manquent de moyen, car, tout parle argent. L'influence du capitalisme qui se manifeste dans la démocratie des partis politiques a entraîné la perte de l'éthique médicale. Les gens se fondent plus sur leurs propres intérêts au détriment de la santé et de la vie des citoyens.

D'autre part, avec l'existence du numérique, on assiste de plus en plus à l'automatisation du citoyen. Nous vivons plus une société de consommation. Presque chaque mois on crée quelque chose en relief avec ce qui a déjà été créé. Et, on demande à celui qui a la machine, dont le nouveau dépend, d'en avoir. Au cas contraire, c'est des pannes, le mauvais fonctionnement du premier. Par exemple, on a bien créé l'ordinateur, les cartes mémoires, les clés numériques pour alléger le travail intellectuel et la conservation des informations. Cependant, les informaticiens ont encore créé des virus qui infectent ces machines pour pousser les détenteurs à acheter l'antivirus. Au lieu que cet achat s'arrête seulement à un seul moment, non, la technique vous oblige à acheter presque à tout moment l'antivirus. Celui qui a un ordinateur est condamné, d'avoir l'internet et ceci ne se fait pas de manière gratuite. Il faut à tout moment payer, et à quel prix ! On se fait esclave de l'ordinateur. Dès que vous n'avez plus d'antivirus, vous voilà dans l'angoisse. Or, les virus des machines ne relèvent que d'une pure escroquerie à l'endroit des clients, car, ils ont été créés et ceux qui les avaient créés visaient quoi réellement. Nous avons eu ici des téléviseurs, des radios, bref beaucoup d'appareils avant les appareils numériques, nous n'avons jamais connu ce langage de virus dans les machines. Mais, dès qu'on est passé au numérique, nous voici avec les virus dans les machines. Et les recherches ont bien montré que ceux-ci résultent des informaticiens. Ils ne profitent pas seulement de la vente des ordinateurs, des cartes mémoires, des clés, bref de toutes les machines numériques, ils veulent à tout moment prendre l'argent du consommateur. Ceci se passe au vu et au su des gouvernements du monde qui ne réagissent pas. On regarde les informaticiens escroquer les citoyens du monde. Comme il y a des ordinateurs antivirus, pour alléger le poids de l'achat des antivirus, les gouvernements, partant de l'ONU peuvent bien interdire la fabrication des virus ou imposer aux fabricants des ordinateurs de ne vendre que les ordinateurs qui ne peuvent pas être infectés. Car, pour protéger la vie des citoyens contre les effets des OGM, il s'est développé une politique anti OGM en Europe malgré la résistance de certains pays. Certaines associations comme certaines autorités luttent farouchement contre l'utilisation des OGM pour protéger la santé des citoyens. Alors, pour protéger l'argent des citoyens contre l'exploitation des informaticiens avec leurs antivirus, les autorités ou des associations peuvent défendre la fabrication des virus qui affectent les machines informatisées ou comme je l'ai déjà souligné, imposer aux fabricants de ne fabriquer que les appareils qui ne peuvent pas être infestés.

Beaucoup d'exemples peuvent être pris pour montrer que ce qui caractérise la science aujourd'hui, c'est la recherche d'argent. On veut plutôt s'enrichir au détriment de la vie des hommes. On encourage le développement de la science alors que la vie humaine se décime. Aujourd'hui, on ne cesse de nous parler des accidents dans les usines textiles, les travailleurs y travaillent dans des conditions médiocres avec des salaires maigres. Malgré les documentaires qui passent et qui montrent ces conditions inhumaines et les ONG qui luttent pour mettre fin à ce traitement, la situation dans ces entreprises reste inchangée. Cela s'explique par le fait que ceux qui détiennent ces entreprises sont capitalistes, ils financent les activités des gouvernements, corrompent les autorités politiques. Donc, même si on peut critiquer, ça ne va rien changer. Le capitalisme a déjà mis ses mains partout. Ce qui se manifeste de nos jours dans le monde, c'est protéger ceux qui ont l'argent en exposant les pauvres. Les riches peuvent faire ce qu'ils veulent sans moindre crainte, car pour eux, l'argent résout tout. Aussi, nous avons le fameux problème de la pollution terrestre. Depuis plus d'une trentaine d'années, le monde ne cesse de décrier le problème de la pollution atmosphérique. Et depuis, on ne cesse de chercher les moyens pour remédier à cette situation. Cependant, malgré les conférences organisées partout ailleurs, aucune solution n'a été trouvée jusque-là. Les conditions climatiques se détériorent de plus en plus, mais certains pays développés comme la Chine, les USA bloquent toutes les décisions prises pour résoudre ce problème. Les républicains américains pensent même que la notion de pollution atmosphérique n'est qu'une simple invention de certains hommes de science, alors que nous voyons bien les données climatiques et les reliefs qui changent à cause du réchauffement climatique. Ces puissances résistent aux décisions permettant de stopper la destruction de la couche d'ozone parce qu'elles savent que ce genre de décisions aura un impact négatif sur leurs entreprises et donc sur leurs économies. Si elles acceptent cela, leurs entreprises ainsi que leurs économies peuvent dégringoler. Il faut donc résister par des voies et moyens. Ce qui amène ces grandes puissances à ce genre de comportement, c'est la protection des entreprises et des économies ; le souci de la croissance économique. En ce sens, on peut dire que ces grandes puissances mettent plus l'accent sur le capital, l'argent que sur la vie humaine et la protection de la société. Donc, ici aussi, le capitalisme fait la loi. On ne veut pas penser aux hommes, mais à l'argent.

Pour tout dire sur la science et l'humanité, si au début le principe qui orientait la science dans ses recherches était : « la science au service de l'humanité » où elle devrait avoir comme but : sauver l'humanité des problèmes qui se posent à elle, la science aujourd'hui est influencée par le principe : « il n'y a pas de société sans argent ». En effet, ce principe qui est né dans la philosophie économique d'Aristote lorsque celui-ci fit de l'argent le moyen d'échange des marchandises a pris une tournure dangereuse. Tout ce qui se fait dans la société se fait maintenant au nom de l'argent, rien ne se fait sans viser l'intérêt et quel intérêt : l'argent. Un couple qui veut faire épouser sa fille vise l'argent, il faut que le mari ait la fortune. Les amitiés se fondent aussi sur la fortune, un riche ne veut pas se faire ami d'un pauvre si ce n'est pour faire de lui un acolyte. Toute action se fonde de nos jours sur l'argent, même ce qui portait sur le plaisir et l'éducation, tels le sport et la musique, est maintenant orienté vers l'argent. Chaque action a perdu son but premier au profit de l'argent. La science ne peut donc en être exempte. Elle est aujourd'hui plus engagée à enrichir ceux qui la pratiquent en rendant la vie des citoyens de plus en plus difficile. La science est en train d'exploiter les citoyens, le monde ne fait absolument rien. De salvatrice qu'elle devrait être pour l'humanité, elle est devenue la cause des peines ou des souffrances humaines. La Science crée aujourd'hui des problèmes à l'humanité. Cela s'explique par le fait que l'humanité a trop négligé la philosophie pour faire place à la science. Or, ce qui apparaît dans l'histoire de l'Europe est que depuis la naissance de la philosophie, les philosophes, d'un côté ils sont considérés comme des rêveurs, des gens inutiles, mais au moins scientifiquement au contraire, ils sont éclaireurs de la cité. Ce sont eux qui apportent la lumière, la compréhension sur certaines questions du monde, car, même au Moyen Âge où la religion dominait sur tout en Europe, la philosophie avait sa place. Non seulement on se servait d'Aristote pour prouver l'existence de Dieu à travers la maxime : « magister dixit », mais, ce sont les philosophes : Saint Augustin, Saint-Thomas-d'Aquin et Saint-Anselme qui avaient permis à la religion d'asseoir son hégémonie. De même, la fin de la guerre des religions et l'avènement de la démocratie en Europe ont été l'œuvre de l'influence philosophique. La Chine comme aussi le monde arabe avaient connu leurs philosophes pour leurs cultures. En Afrique, elle se manifestait par les légendes, les maximes, les proverbes. À côté de cela, il se manifeste aussi que, ce sont les philosophes qui libèrent la conscience de toute ignorance, du dogmatisme et du déterminisme pour une pensée de plus en plus libre et créatrice. L'importance de la philosophie est donc très primordiale dans une société, d'où Descartes dit : « J'aurai ensuite fait considérer l'utilité de cette philosophie, et montré que, puisqu'elle s'étend à tout ce que l'esprit humain peut savoir, on doit croire que c'est elle seule qui nous distingue des plus sauvages et barbares, et que chaque nation est d'autant plus civilisée et polie que les hommes y philosophent mieux ; et ainsi que c'est le plus grand bien qui puisse être dans un État que d'avoir de vrais philosophes. Et outre cela que, pour chaque homme en particulier, il n'est pas seulement utile de vivre avec ceux qui s'appliquent à cette étude, mais qu'il est incomparablement meilleur de s'y appliquer soi-même, comme sans doute il vaut beaucoup mieux de se servir de ses propres yeux pour se conduire, et jouir même au moyen de la beauté des couleurs et de la lumière, que non pas de les avoir fermés et suivre la conduite d'un autre ; mais ce dernier est encore meilleur que de les tenir fermés et n'avoir que soi pour se conduire. Or, c'est proprement avoir les yeux fermés sans, tâcher jamais de les ouvrir, que de vivre sans philosopher ; et le plaisir de voir toutes les choses que notre vue découvre n'est point comparable à la satisfaction que donne la connaissance de celles qu'on trouve par la philosophie ; et enfin, cette étude est plus nécessaire pour régler nos mœurs et nous conduire en cette vie, que ne l'est l'usage de nos yeux pour guider nos pas. »[33] Descartes montre ici l'avantage de la philosophie tant pour une société que pour un individu. Il lui réserve la première place tant sur le plan de l'État que sur le plan individuel. Or, que remarquons-nous aujourd'hui ? Avec les avantages que la Science apporte à l'humanité et pourtant masqués du capitalisme, la voix de la philosophie est de plus en plus négligée. Les philosophes ne sont plus écoutés, leur voix étouffe, ramène le monde en arrière, pense-t-on. Les États comme les individus négligent la philosophie au profit de la science. Pourtant, Descartes était aussi homme de science, car, aucun homme de science ne peut douter aujourd'hui de ses découvertes en science, mais, malgré ses découvertes scientifiques, il n'avait pas placé la science devant la philosophie ou

---

[33] René Descartes, *Les principes de la philosophie*, éd. Gallimard, Paris, 1970, p.558

montrer sa grandeur à la place de la philosophie. Il le fit pour la philosophie seulement, son souhait était de cultiver la cité comme l'individu à la philosophie. La raison est que, la philosophie ouvre l'esprit à saisir la raison d'existence de chaque chose. Elle nous permet de comprendre pourquoi on fait ceci ou cela. Comprendre la philosophie, c'est comprendre le rôle de chaque chose comme dit Aristote : « La science la plus élevée, et qui est supérieure à toute science subordonnée, est celle qui connaît en vue de quelle fin il faut faire chaque chose. Et cette fin est le bien de chaque être, et, d'une manière générale, c'est le souverain Bien dans l'ensemble de la nature. »[34] Or, la fin de la science, philosophiquement et même scientifiquement n'est pas enrichir les hommes de science. Cependant, le recul de la philosophie et la montée exponentielle du capitalisme ont fait perdre à la science son but premier pour se consacrer à l'enrichissement des hommes des sciences et des politiciens qui les soutiennent. Vraiment, cela m'intrigue beaucoup surtout avec la vitesse que la physique est en train de prendre. Pour faciliter le travail de la physique, Newton disait : « Physique méfie toi de la métaphysique », il la poussait à fuir de plus en plus la philosophie parce qu'étant trop théorique. Aujourd'hui, avec les conséquences que la physique entraîne au monde, il y a lieu de dire : l'humanité méfie-toi de la physique. C'est elle qui va dans l'espace et qui crée donc, les problèmes atmosphériques, c'est par elle que naissent les machines électroniques et numériques, et, nous pousse à une société de consommation. Les armes et les centrales nucléaires sont ses produits. C'est la science qui se manifeste la plus destructrice du monde, car, elle est la première à s'opposer à la volonté philosophique qui consiste à limiter le travail de la science à la seule

[34] Aristote, *Métaphysique*, éd. J. Vrin, Paris, 1991, p.8

explication et reproduction des phénomènes au lieu de comprendre les noumènes.

En effet, l'objet de la science pose toujours problème depuis les premiers moments de l'existence de la science. Ce débat avait déjà commencé entre Platon et Aristote. Le premier saisissant le monde de manière dualiste : le monde sensible et le monde intelligible, montre bien dans sa philosophie que ce qui peut faire l'objet d'une connaissance véritable, c'est ce qui relève du monde des idées. Tout ce qui vient du monde sensible ne peut faire l'objet d'une connaissance véritable. Ainsi, le philosophe doit plus fixer ses pensées sur le monde intelligible que sur le monde sensible. Ce dernier ne nous donne que des réalités éphémères sur lesquelles l'esprit ou la raison ne peut se fixer. D'où selon lui pour connaître le réel, le philosophe ou l'homme de science doit se détourner des apparences pour se consacrer au monde intelligible qui nous donne des connaissances fixes et certaines. C'est ainsi que voulant critiquer le matérialisme héraclitéen, il dit : « L'héraclitéisme est faux ou incomplet : le flux perpétuel des choses serait rebelle à toute connaissance, si on ne le rapportait à ces réalités permanentes et immuables telles que le Beau ou le Bien si l'on veut connaître la réalité ou l'essence de la sainteté, il faux fixer les yeux sur la forme unique ou le modèle, grâce auquel les choses saintes sont toujours pareilles à elles-mêmes. C'est l'idée de la vertu qui est en question. »[35] Cette vision repose donc la connaissance sur le seul pouvoir de l'âme ou de l'esprit. Donc, la connaissance véritable est celle qui résulte de l'âme et les choses à connaître ne sont que celles qui proviennent du monde intelligible. Cependant,

---

[35] Platon, *Le cratyle*, cité par Léon Robin in *la pensée grecque et les origines de l'esprit scientifique*, éd. Albin Michel, Paris, 1973, p.213

pour Aristote, les idées seules ne peuvent fournir les données de la connaissance véritable des phénomènes. Pour connaître, la raison doit être associée aux phénomènes et c'est d'eux qu'il faut partir pour saisir la substance, la nature de chaque phénomène. Donc pour Aristote, il faut partir des phénomènes pour saisir leur réalité. On ne peut atteindre la vérité de l'être, d'un phénomène qu'en tenant compte de son être d'où écrit-il : « Ainsi autant une chose a d'être, autant elle a de vérité. »[36] Cette vision platonicienne qui élève la raison du monde sensible au profit du monde intelligible sera encore critiquée par Emmanuel Kant lorsqu'il dit : « La colombe légère qui dans son libre vol, fend l'air dont elle sent la résistance pourrait s'imaginer qu'elle volerait bien mieux encore dans le vide. C'est ainsi que Platon quittant le monde sensible qui renferme l'intelligence dans de si étroites limites se hasarda, sur les ailes des idées, dans les espaces vides de l'entendement pur. Il ne s'apercevait pas que malgré ses efforts, il ne faisait aucun chemin parce qu'il n'avait pas de point d'appui, de support sur lequel il put faire fond et appliquer ses forces pour changer l'entendement de place. »[37] Par cette critique, Kant voulait bien montrer que toute recherche scientifique qui se ferait en dehors des phénomènes serait sans appui. La science dans sa recherche ne doit se limiter qu'à ce qui est sensible. Au-delà de cela, elle risque de tomber dans des antinomies, c'est-à-dire, des contradictions. Ainsi, parlant donc de l'objet de la science, il pense qu'il ne peut y avoir de science que dans ce qui est phénoménal non dans ce qui est nouménal. La science ne peut comprendre et travailler

[36] Aristote, *Métaphysique*, éd. J. Vrin, Paris, 1991, p.61
[37] Emmanuel Kant, *Critique de la Raison Pure*, éd. G. F. Flammarion, Paris, 1987, p.62

que sur les phénomènes[38], les noumènes non. Ces derniers sont de l'apanage de la foi. Cependant, quand Kant limite le travail de la science au seul pouvoir des phénomènes, en lui interdisant d'aller aux noumènes, Gaston Bachelard au contraire dans *Noumène et microphysique*, pense que c'est dans la découverte et l'explication du noumène que porte même le travail de la science. La science n'est pas faite seulement pour expliquer et travailler sur les phénomènes, elle doit le faire pour les noumènes. Le phénomène pour lui ne peut être pris que comme quelque chose de particulier et le vrai travail consistera donc à expliquer le noumène. Ainsi écrit-il : « De toute évidence, le phénomène primitivement retenu ne peut plus être pris que comme l'instant particulier d'une méthode. On ne tardera pas à modifier la méthode et conséquemment le phénomène pour atteindre une suite féconde d'expériences… c'est la formule mathématique qui lui donnera une forme : c'est par le lien mathématique qu'on verra se coordonner en une unité les termes brouillés dans le phénomène immédiat. D'ailleurs, les liens mathématiques ne suivent nullement les ligatures qui pourraient apparaître dans l'observation première. Ils suivent la trace d'une coordination nouménale. »[39]. Ici, Bachelard détourne l'objet et la vision de la science. Comme les mathématiques fonctionnent avec un caractère nouménal, la science doit désormais faire autant pour son travail. En partant de la méthode mathématique, elle doit

---

[38] Dans le domaine scientifique, le *phénomène* représente toute réalité apparente, c'est-à-dire, tout ce qu'on peut saisir à travers les organes de sens tels que la chaleur, le froid et la maladie. Alors que le *noumène* représente tout ce qu'on ne peut pas saisir par les organes de sens. Il est encore appelé réalité cachée, tels Dieu, l'âme, l'origine de la mort.

[39] Gaston Bachelard, *Noumène et microphysique*, éd. J. Vrin, Paris, 1970, p.13

plus se consacrer à l'explication du noumène. Cette vision liée à la physique poussera Steven Weinberg[40] à dire pour la physique au cours d'une interview : « Imitant l'exemple d'un paléontologue, qui après examen des restes de dinosaures, est capable de reconstituer l'état des choses il y a cent millions d'années sur la Terre, nous pouvons nous aussi mettre à profit nos observations. Nous pouvons étudier les fossiles que nous trouvons en ce moment dans l'univers – particules, radiations, composition chimique des étoiles – et les utiliser comme indices pour remonter le cours de l'histoire jusqu'aux premières minutes ou au premier centième de la seconde de l'univers »[41]. Cette ambition que la physique se donne ainsi n'est autre que celle qui l'amène à rechercher comment le monde a été formé. Or, la plupart des philosophes ont fait de cette question, l'une des questions limites à la science, c'est-à-dire, l'une des questions que la science ne peut pas traiter à l'instar du rapport corps-âme, de la liberté et de l'immortalité de l'âme. Expliquer la genèse du monde par la science, je le trouve utopique, car notre entendement ou notre intelligence sont très limités. Si c'est par le rêve que nous y arriverons, cela est possible puisque dans le rêve, on est capable de tout. Mais, si c'est dans la réalité, je me réserve de l'accepter. Et, si elle arrivait à le faire, je prophétise, ça sera le début de la fin du monde. Car, partout où la science ou l'homme a découvert le secret de la nature, il y a des pleurs et des grincements des dents. Le goût aventurier de la physique nous fait vivre des méfaits incalculables. Parfois les fusées et les scoops qu'on lance, échouent leur mission et leur décollage, Dieu merci que jusque-là ça ne tombe pas dans des zones habitées, sinon, on ne sait jamais. En plus, les physiciens cherchent à

---

[40] Physicien américain du XXe siècle
[41] Steven Weinberg, revue scientifique, *Science et avenir*.

savoir s'il y a lieu d'aller vivre à Mars, ils répondent à quelle demande. Une demande universelle ou des capitalistes ? À supposer que la vie soit possible à Mars, combien iront vivre là-bas ? La physique nous amène dans une voie insaisissable. Voie qui peut nous amener à des conséquences jusque-là inconnues. On est beaucoup plus dans la science pour la science, non la science au service de l'humanité. D'où j'ai bien dit : l'humanité méfie-toi de la physique. S'il y a réellement fin du monde, c'est cette science qui pourra la provoquer par son aventure.

2- Sur le plan national

L'influence du capitalisme dans la gestion démocratique ne se manifeste pas seulement au niveau international. Elle se manifeste aussi au plan national, c'est-à-dire, à l'intérieur des Etats. À ce niveau, la démocratie qui devrait régler beaucoup de problèmes que les peuples vivent dans les monarchies, les tyrannies et les aristocraties comme nous le lisons chez les Athéniens dans la période de Clisthène et de Périclès, nous présente une image plus lugubre que ces régimes dans beaucoup de pays démocratiques. Nous avons montré que le passage de la monarchie, de l'aristocratie et de la tyrannie à la démocratie, élimine plusieurs faits dans la société telle que les inégalités sociales, l'exploitation de l'homme par l'homme, la fin de la propriété privée, l'occupation des terres par des fortunés et favorise la répartition équitable des biens de la cité, l'allégement des souffrances des citoyens. Mais, la démocratie actuelle nous montre des conditions de plus en plus regrettables pour les citoyens. Celle-ci fonctionnant avec le capitalisme présente des conditions douloureuses aux citoyens dans de nombreux pays démocratiques. Si on examine ce que les populations vivent actuellement dans les démocraties, il y a lieu de dire à quoi bon vivre en démocratie, car, la démocratie actuelle profite à une classe donnée non à tous les citoyens. La démocratie n'est pas seulement un système politique, elle s'accompagne de la démocratie sociale. Or, celle-ci dans la pratique ne se manifeste pas dans beaucoup de pays démocratiques. Sur le plan social, dans certains pays la démocratie sociale est véritablement une escroquerie, une exploitation des citoyens par une classe favorisée par l'inaction des autorités et la corruption ou l'inexpérience démocratique. Cela se manifeste par plusieurs faits : la question agraire et la vente des parcelles, l'enrichissement des membres des partis, l'absence des prix homologués, des villes et des communes de plus en plus sales, l'inaction vis-à-vis de la corruption, l'exagération des taxes douanières, les salaires surélevés des patrons des entreprises.

- **De la question agraire et la vente des parcelles**

Le passage à la démocratie dans une cité devrait marquer un changement profond dans les habitudes politiques et sociales. Si on regarde ce passage chez les Grecs, on constatera que la démocratie avait entraîné de grands bouleversements dans la vie sociale athénienne. Chacun devrait comprendre que quand on passe à la démocratie, il y a beaucoup de changements qui s'opèrent. Il faut faire des concessions dans la vie personnelle. On peut perdre beaucoup d'habitudes et d'avantages individuels au profit de la vie communautaire sur des échanges commerciaux et ceux des biens. Chacun devrait comprendre que si au début, il pouvait décider de l'occupation des terrains, de l'élaboration des prix des marchandises, bref faire tout à sa guise ; avec la démocratie, tout se décide ensemble. C'est tout le peuple réuni qui doit décider de la gestion commerciale et de l'échange des biens, parce que démocratiquement, tout ce qui relève de la société, c'est-à-dire, qui ne fait pas partie de la nature individuelle, mais créé dans la cité ou le partage d'un bien est assujetti à la loi, cela devrait se passer donc sous la loi. Tout ce qui concerne les échanges doit être légalisé. Cela montre qu'en démocratie, il n'y a plus quelque chose qui doit partir d'une décision personnelle dans l'échange des biens entre citoyens et le partage des biens de la cité. Ainsi, l'occupation des terrains, l'élaboration des prix des marchandises ne devraient plus faire l'objet de décision individuelle pour entendre encore : « moi je vends à », cela devrait plutôt « se dire : "ceci se vend chez nous à." » Chacun devrait connaître les prix de chaque marchandise pour ne pas être escroqué. Ainsi, comme le peuple est très vaste, il ne peut pas se réunir à tout moment pour gouverner et décider des prix. Ce travail devrait être fait par ses représentants, c'est-à-dire, les députés et les ministres. Ils devraient veiller à ce que les prix des marchandises soient réellement établis par l'État. Celui-ci devrait connaître tout le circuit et toutes les dépenses relatives à une marchandise avant de la mettre sur le marché et finalement savoir à quel prix elle peut être vendue. Les gouvernements en rapport avec les parlements devraient fixer les prix des marchandises, car, ce sont eux qui remplacent les peuples dans leurs décisions. Ils ne devraient pas laisser l'établissement des prix des marchandises à la seule volonté des entreprises ou des commerçants comme on le vit dans le monde capitaliste. Ceci témoigne d'une forme d'anarchie commerciale qui ne profite pas aux peuples. La libéralisation des prix profite plus aux commerçants et aux entreprises qui en un temps record s'enrichissent et appauvrissent les citoyens. L'exemple le plus palpable, c'est la croissance économique rapide des réseaux sociaux. Il suffit que quelqu'un crée un réseau social, le voilà bientôt dans le paradis des richards. Et, comme si on a compris que, c'est un moyen pour vite s'enrichir parce que les États ne contrôlent pas les prix dans ce domaine, ces réseaux poussent maintenant comme des champignons.

Mais, le premier problème qui en réalité interpelle les consciences, c'est la question agraire, c'est-à-dire, l'occupation des terres et des eaux. Lorsque nous observons la vie, il y a des choses que Dieu ou la nature nous a offertes gratuitement. Parmi lesquelles on peut citer la terre, l'air, l'eau, bref la nature telle qu'elle existe en dehors de nous. En les créant, la Bible nous dit que Dieu avait donné cela à l'homme comme richesse. Et pour ceux qui sont naturalistes, la nature se serait donnée à nous comme un don. Donc, on ne dit pas ici que Dieu ou la nature avait donné ceci ou cela à un tel ou à ceux-ci en dehors de la Bible où on nous dit que Canaan était réservé aux israélites. Naturellement, il n'y a pas de privilégié dans ce que la nature nous a donné ; cela était donné à tout le monde sans répartition. Ainsi, tel que nous bénéficions tous gratuitement de l'air pour respirer et de la terre pour marcher, tel qu'on devrait aussi bénéficier de la terre et de l'eau dans nos besoins naturels ou culturels. Mais, les velléités capitalistes et l'égoïsme des hommes ont fait que la terre soit l'œuvre des propriétaires terriens qui se donnent aussi la paternité d'occuper les eaux se trouvant sur leur terre, de chasser les autres soi-disant que : ce n'est pas leur terre. On les tue, on les maltraite à cause de la terre et l'humanité est incapable de résoudre cette question. De même, cette occupation anarchique, égoïste et usurpatrice de la terre n'a cessé depuis longtemps de poser des problèmes dans diverses nations et même entre les nations. Les non-détenteurs des terrains ne cessent de se lamenter de ne pas avoir des terres. Ainsi, ces pauvres gens pour travailler la terre comme pour avoir un lieu d'habitation sont contraints de retrousser, dans certaines contrées, leurs poches et à quel prix ! Ils sont obligés d'acheter à ceux qui possèdent les terres. Des peuples s'entretuent, des nations se divisent, des États entrent en guerre à cause des terres parce que chacun se réclamant, propriétaire de ces terres. Mais, qui nous a fait ce partage ? La terre est un ensemble puisque nous la voyons comme une boule, elle n'est jamais divisée même après les séismes. Pourquoi ne pas réellement revenir à l'état naturel des choses dans l'occupation de la terre ? Je pense que si on pouvait voir les choses en ce sens en oubliant d'abord que, c'est Dieu qui nous a donné cette terre ou ce sont nos ancêtres qui nous ont laissé ces terres comme cela se manifeste chez les Palestiniens et les Israéliens, en se fixant seulement sur le don commun offert par la nature, on résoudrait beaucoup de problèmes liés à cette question. Dans les pays où cela entraîne des guerres entre les tribus ou entre les clans, l'État peut procéder par la nationalisation des terres en indemnisant les propriétaires actuels. Par exemple, au moment où les peuples étaient nomades comment faisaient-ils dans la gestion des terres ? Mais la meilleure solution, c'est de nationaliser les terres, car, en ce moment, elles reposeront sur la seule responsabilité de l'État non des individus, des tribus ou des clans. Et la distribution reviendrait en ce moment à l'État. On a beau incriminer les autorités qui le font, mais, j'espère que, c'est la meilleure solution pour résoudre ce problème et que le partage et la vente de parcelle de terrain se fassent de manière équitable. En certaines situations, l'Afrique peut se départir de la gestion des pays dits développés. Car, dans ces pays, la politique est dictée par des cartels des riches qui détiennent la majeure partie des terres à partir desquelles ils font fortune. Ils cherchent à occuper des places à l'État pour continuer à défendre leurs intérêts. Il n'y a qu'à lire l'origine du Tee party aux USA et ici, n'eût été le courage et le caractère social du Président Abraham Lincoln, les capitalistes ne voulaient pas mettre fin à l'esclavage. Donc, il est bon dans l'esprit des capitalistes de voir les pauvres dans l'état où ils sont puisque, ça leur profite. Et, aux USA, la nationalisation des terres, c'est un problème qu'on ne peut même pas évoquer. Ça se heurtera à l'opposition farouche des colons et pourtant, les premiers colons avaient occupé ces terres anarchiquement, ils ne les avaient pas achetées aux Amérindiens ; au contraire, les pauvres avaient connu une chasse et une tuerie sans précédent en défendant leur terre. C'est cet esprit que les partis politiques veulent former en Afrique. Avoir des riches qui formeraient des cartels du pouvoir pour en écarter les autres. La politique serait en ce moment un problème des riches et les pauvres seront leurs bonbons à sucer. C'est à eux d'acheter les parcelles de terrain, de construire les maisons, de gérer les grands commerces. Les pauvres doivent louer et acheter chez eux. Il faut donc que les peuples soient vigilants parce qu'on leur usurpe le pouvoir sans s'en rendre compte.

Ce problème ne cesse d'occuper presque les revendications de tous les peuples tout le temps. Dans l'Antiquité, il était l'un des problèmes les plus revendiqués, au Moyen Âge, c'était de même, lors de la Révolution française, il en avait fait aussi l'objet et jusqu'aujourd'hui, il continue à pourrir la vie des hommes. Or, avec la compréhension actuelle que nous avons des choses, ce problème peut prendre fin. Il suffit de se détacher de l'emprise capitaliste et de s'asseoir sur les principes sociaux de la démocratie pour l'éradiquer. Si on peut se considérer comme un seul peuple, un seul citoyen, une seule nation, les divisions égoïstes tomberont d'elles-mêmes. Revenons sur la vente des terres.

J'ai passé mon enfance de zéro à douze ans au village TÂBA entre 1970 et 1982, à quarante-cinq kilomètres de Brazzaville sur la route nationale n° 1, Brazzaville-Pointe-noire. À l'époque, le Congo était un pays monopartite avec la démocratie populaire. Pour y habiter, l'étranger qui venait dans le village se présentait chez le chef du village. Celui-ci le présentait chez le propriétaire terrien qui lui demandait une dame-jeanne de vin de palme plus deux mille cinq cents francs pour lui montrer là où il devrait construire et habiter. Pour le dérangement du chef, il devrait aussi acheter une dame-jeanne de vin de palme. On n'utilisait pas l'expression de vente de parcelle de terrain. Ce qu'on faisait n'était qu'un symbole dont on disait satisfaire les esprits. Les natifs du village occupaient les terrains gratuitement. La culture des champs se faisait presque de même avec un prix minime. Pour travailler dans un lopin étranger, on demandait presque la même chose. À l'époque on le faisait parce que je me rappelle bien les anciens étaient animés par le principe : « ce qui constitue le village, ce sont les gens non l'argent » (« gâta bantou, ka mbongoako »). Donc, ce qui les préoccupait était que le village fût habité au lieu de demander l'argent aux gens pour y habiter. C'est le besoin des gens qui les attirait et les intéressait non la possession d'argent. Mais, quelle est la réalité d'aujourd'hui ? La démocratie qui devrait renforcer cet esprit l'a au contraire fait disparaître. Ce qui préoccupe maintenant les propriétaires terriens dans notre contrée, c'est l'argent. On vend les parcelles de terrain à deux cent mille, les champs, c'est entre soixante-quinze et cent mille francs. Quel est ce villageois qui peut vite avoir cette fortune pour s'acheter une parcelle de terrain et construire ? Et on comprend bien pourquoi le manioc, le bois de chauffe ont grimpé de prix à Brazzaville. La démocratie a amené une vie très chère et les gens n'arrivent pas à s'en sortir. À tout moment, les gens se plaignent et disent même, on ne savait pas qu'on arriverait à ce genre de choses. Et, aujourd'hui, le problème des lopins de terre commence à diviser les familles, même ce que les anciens avaient réglé par consensus, on commence à le défaire au nom de l'argent. Cet exemple me permet de montrer l'exagération des prix dans la vente des parcelles. Comment expliquer que dans les années cinquante à en croire les parents les parcelles de terrain étaient vendues à Brazzaville entre mille cinq cents et trois mille francs ? Le travailleur moyen pouvait gagner entre huit cents et mille cinq cents francs. Ainsi, prenons par exemple que la vente de parcelle soit à trois mille francs en mille neuf cent soixante et le salaire d'un travailleur de la même période à mille francs. Combien gagnerait un travailleur aujourd'hui pour acheter une parcelle de terrain ne serait-ce qu'à un million ? La réponse nous donne trois cent trente-trois mille francs. Or, la plupart des chefs des familles n'ont pas ce revenu mensuel. Et là je n'ai pris qu'un million. Or, les parcelles ne se vendent pas seulement à un million à Brazzaville. Pourquoi sommes-nous arrivés à ce genre de choses ? C'est à cause de la démocratie capitaliste. Dans la plupart des pays capitalistes, ce sont les plus fortunés qui veulent s'accaparer de toutes les terres pour y employer après les pauvres et pour que ces derniers payent chez eux. Ils veulent mettre les pauvres dans l'incapacité de faire quoi que ce soit pour qu'ils soient à leur dépendance. Ils font augmenter les prix des choses sous la complicité des gouvernants corrompus ne pouvant défendre l'intérêt des peuples. Qu'il s'agisse de la location des maisons que de la vente des parcelles de terrain, beaucoup d'États ne contrôlent rien. Tout est laissé aux seuls caprices des capitalistes. Normalement, dans un État démocratique, avant de fixer les prix des parcelles et des maisons, l'État devrait d'abord examiner le revenu mensuel des chefs des familles pour savoir à quelle hauteur on peut vendre une parcelle de terrain et faire louer ou vendre une maison. L'État devrait tout contrôler. Il ne devrait pas y avoir un laisser-aller total sur le plan des échanges et de l'occupation des biens naturels ou sociaux comme je l'ai déjà dit, il faut qu'il y ait la loi à observer. À l'allure où vont les choses, que seront les générations futures ? Car, dans un monde où tout est dicté par l'argent et que les choses grimpent de prix du jour au jour sans que les gouvernements ne s'en préoccupent, il faut craindre que le monde ne devienne un objet de pire souffrance pour nombreux d'entre nous, qu'il ne rende des gens de plus en plus malheureux et réticents sur certains faits sociaux. La vie chère commence déjà à donner un comportement de réserve sur certains faits sociaux à certains citoyens. Tel que, nombreux se réservent maintenant de mettre au monde, de se marier à cause de la cherté de la vie. Nombreux ne cessent de dire : la vie est maintenant difficile, on ne sait jamais comment s'en sortir. Alors, que seront et vivront les générations à venir ? À cet effet, pour sauver les générations futures, il faut que les gouvernements démocratiques reprennent leur responsabilité qui consiste à tout contrôler. Laisser le monde à la domination capitaliste au détriment des vertus de la démocratie sociale est un danger. C'est comme lorsque l'Europe s'était livrée à la domination religieuse au Moyen Âge. Les citoyens ne cessaient d'être manipulés, torturés au nom de la religion et nous savons ce qui en avait découlé. Les prêtres étaient les maîtres de la loi et l'évangile la chose qu'on imposait. Nous sommes devant la même réalité, le monde livré au capitalisme risque de nous exposer aux mêmes réalités que ceux du Moyen Âge. Les capitalistes font la loi et les pauvres doivent la subir comme les peuples la subissaient au Moyen Âge, ils sont escroqués torturés au nom de l'argent.

L'Afrique avait déjà ses vertus. Ce qui fait l'homme en Afrique, c'est la possession d'un domicile. Et l'Africain n'a pas été habitué à être locataire. En Afrique, le chef de famille doit construire, d'où les conditions étaient très allégées surtout dans les villages pour que chacun ait sa maison. Jusqu'avant la démocratie, je n'avais jamais vu des locataires au village et, à Brazzaville, dans notre enfance, il n'y avait pas assez de locataires nationaux, car un membre d'une famille qui y venait, vivait soit chez l'un des membres de sa famille soit, il était reçu par une famille venant d'un même village ou d'une même contrée. L'unité et le caractère social étaient presque chez tout le monde. On ne voulait pas voir le sien être loin de soi ou souffrir seul, car, le plus souvent, les parents disaient à celui qui venait s'installer en ville pour la première fois : « viens vivre avec moi, s'il y a des souffrances, on va se les partager » (« yisa ba na meno, tâ mpassi mbo ta kabana zo za ntuari. ») À l'époque même, les parents se disputaient les membres de familles pour qu'ils vivent chez eux. Mais aujourd'hui dans mon village, quand vous y arrivez, même les jeunes natifs et demeurant les lieux n'arrivent pas à construire, à Brazzaville, les familles se divisent et les gens deviennent de plus en plus réticents pour vivre ou mener une activité ensemble entre les membres d'une même famille. Pourquoi ? Eh bien ! Parce que tout repose maintenant sur l'argent, le capitalisme a tout gâché. Or, l'Europe a toujours fonctionné avec le système capitaliste. Ce sont les riches qui détiennent les terres, les grands commerces, construisent les maisons. Les pauvres ne le peuvent pas. Ils vont s'endetter et achètent chez eux et par quel mode, le crédit. Les pauvres s'appauvrissent de plus belle au profit des riches. L'Europe vit dans ce système depuis longtemps et, c'est ce système qui déchante les citoyens aujourd'hui. Ce que l'Afrique ne connaissait pas avant, mais qui semble l'influencer maintenant. Car, dans la construction d'une maison, je voyais chez nous dans mon enfance, une assistance entre les habitants d'un village. Lorsqu'un habitant cherchait à construire sa maison ou une case, le matériel qu'il utilisait traditionnellement était : les piquets, la paille, l'argile… À cet effet, lorsque les gens se rendaient compte qu'il avait l'intention de construire, chacun pouvait lui apporter le matériel qu'il pouvait lui avoir sans rien lui demander. Et, quand il montait les murs et mettait la paille, celui qui était libre pouvait aller l'aider. Ça se passait comme je le vois dans la construction des mosquées chez les musulmans. Aujourd'hui, cela n'est plus possible si ce n'est entre amis. Alors, il faut que les Africains fassent attention pour qu'ils ne tombent pas dans ce système infernal qui maintient les gens dans un système de circuit fermé. Les riches achètent les terres et construisent, les pauvres louent ou achètent chez eux. La location devrait être un moment intermédiaire de jeunesse, à l'âge mûr, on peut permettre à chacun d'avoir un chez-soi. Les hommes politiques africains doivent rendre la gestion sociale des États plus démocratique, non la laisser à la gestion capitaliste, pour permettre aux peuples de jouir normalement des avantages de la démocratie et de garder les valeurs africaines. Car, je ne cesse d'entendre, si l'Européen peut mourir locataire, l'Africain ne peut l'être. Et pour mettre les Africains dans les bonnes conditions, il faut vraiment gérer les États avec le socialisme.

- **De l'enrichissement illicite des membres des partis**

Dans son œuvre, *Nganga Mayala*, Ferdinand MOUANGASSA écrit : « gouverner ne se réduit pas au simple rôle de dicter les ordres, c'est aussi se sentir responsable de la vie, du bien-être et de l'avenir des citoyens habitant le royaume… Ne peut accepter la volonté du peuple que celui qui entend le servir avant de penser à lui-même ou à un groupe d'individus. »[42]. Par ce texte, Ferdinand MOUANGASSA parle de l'objectif ou du rôle de celui qui fait la politique et de la disposition qu'il doit avoir pour servir le peuple. Selon lui, gouverner un État, un royaume ou une cité ne se limite pas seulement à donner ou imposer les ordres aux citoyens, mais il s'agit au même moment d'être responsable pour leur vie, leur bien-être et de leur avenir. Donc, une autorité politique n'a pas seulement pour fonction de donner les lois, mais, elle doit aussi veiller à la vie, au bien-être et à l'avenir des citoyens. Ainsi, pour lui, l'autorité qui peut réaliser cela, c'est celle qui pense d'abord à l'intérêt du peuple non à lui-même et à un groupe d'individus donné. Cela montre que pour Ferdinand MOUANGASSA, l'homme qui fait la politique ou celui qui se donne pour fonction de gouverner, doit avoir comme premier intérêt ou première vision : servir tout le peuple non ses intérêts particuliers ou les intérêts d'un groupe d'individus. Par cette vision, il nous montre que le destin d'un homme politique dans la politique, c'est : penser d'abord à l'intérêt de la société, des citoyens. Même s'il le dit pour un royaume, Ferdinand MOUANGASSA développe ici le caractère socialiste du pouvoir, car dans les royaumes, le principe qui anime souvent le pouvoir est : le roi d'abord, le peuple après. C'est le système capitaliste qui les influence souvent.

Mais si Ferdinand MOUANGASSA présente la fonction de l'homme politique dans ce sens, quelle est la réalité actuelle dans les pays démocratiques ? La présence de la démocratie devrait normalement faciliter cet état des choses. La démocratie devrait permettre aux hommes politiques de travailler au nom du et pour le peuple. Ils ne

---

[42] Ferdinand MOUANGASSA, *Nganga mayala*, éd. Clé, Yaoundé, 1977, p.41

devraient pas travailler pour garantir leurs propres intérêts et ceux de leurs groupes. D'abord, contrairement à la démocratie sociale africaine où pour décider de quelque chose du royaume, il fallait faire appel à tous les notables et décider de l'affaire, et de celle de l'antiquité athénienne qui ne fonctionnait pas avec les partis, la démocratie actuelle repose sur les partis politiques. Celui qui est au pouvoir y arrive par le biais d'un parti. Lorsqu'il est au pouvoir, ce qui le préoccupe en premier, c'est son intérêt. Il doit profiter pendant qu'il est là parce qu'après, on ne sait jamais. Ainsi, pendant son exercice, il crée des mécanismes pour s'enrichir illicitement. Combien d'hommes politiques ne sont-ils pas arrêtés ou interpelés pour malversations financières après leurs mandats. Après lui, il pense à son groupe et enfin au membre du parti. Pour enrichir ses proches et les membres du parti, ils les placent dans les fonctions juteuses de la société même quand parfois ils n'ont pas la formation requise pour répondre à ces fonctions ; on les place parce que c'est par là qu'ils doivent s'enrichir. Avec la démocratie des partis politiques, l'intérêt social dont les autorités parlent n'est qu'une sorte de duperie, de mensonge, c'est une démagogie, car, cette démocratie est une affaire de camarades et d'amis. Les autorités en parlent pour tromper le peuple, mais au fond d'eux, ils savent qu'ils sont là d'abord pour eux-mêmes, ensuite pour leurs proches et enfin pour les membres du parti. Pour comprendre ces propos, on n'a pas besoin d'interroger la lune ou le soleil, il suffit d'avoir les yeux grandement ouverts sur la gestion de la démocratie des partis politiques. Cela se manifeste par le fait que, lorsqu'on lit l'histoire, elle nous révèle que ceux qui occupaient les fonctions sociales dans la démocratie athénienne avant Clisthène et Périclès, c'était ceux qui avaient plus de fortune. Ils ne venaient pas à la politique pour s'enrichir, ils se servaient de la politique pour maintenir leur position et assujettir les pauvres. Ils n'avaient pas de salaire, ils profitaient des lois qu'ils prenaient. C'est au moment où les thètes[43] commencèrent à participer au pouvoir que Périclès avait instauré une indemnité journalière pour leur faciliter le déplacement comme le texte suivant nous l'indique : « Vers le milieu du Ve siècle av. J.-C., en 451 av. J.-C. Périclès mit en place une indemnité journalière de présence au sein de l'Héliée et de la Boulê, ainsi qu'au spectacle des Panathénées : c'est le *misthos* (“salaire”) destiné à faire participer les citoyens les plus pauvres et résidant le plus loin de la ville. Elle leur permettait de chômer un jour pour assurer leurs fonctions civiques et politiques. Le montant de cette indemnité ou *misthos* passa de deux à trois oboles par jour sous Cléon, soit l'équivalent du faible salaire d'un ouvrier. Cette mesure renforça le caractère démocratique du régime athénien. »[44] De même, parlant de Périclès sur l'argent de la cité et de son influence sur la foule, Thucydide montre que si Périclès avait de l'autorité et était écouté et aimé par la foule, c'est parce qu'il était indifférent à l'argent de la cité et que sa fortune ne venait pas d'elle. Les gens avaient de l'estime sur lui et nombreux voulaient lui ressembler ou l'imiter pour cette raison. Ainsi dit-il : « c'est qu'il avait, lui, de l'autorité, grâce à la considération dont il jouissait et à ses qualités d'esprit et que, de plus, pour l'argent, il montrait une éclatante intégrité : aussi tenait-il la foule, quoique libre, bien en main et, au lieu de se laisser diriger par elle, il la dirigeait ; en effet, comme il ne devait pas ses moyens à

---

[43] Dernière classe sociale économique selon la division des classes sociales faites par Solon pour la cité d'Athènes par rapport à la richesse de chaque citoyen.

[44] Voir, article de Wikipédia, l'encyclopédie libre, sur Démocratie athénienne

des ressources illégitimes, il ne parlait jamais en vue du plaisir, et il pouvait au contraire mettre à profit l'estime des gens pour s'opposer même à leur colère. »[45]. Cela montre que ceux qui faisaient partie des pouvoirs dans cette démocratie le faisaient dans le but de l'organisation de la cité, ils n'avaient pas de salaires, ils avaient seulement des indemnités donc ils ne visaient pas l'argent. La réalité que nous avons ici n'est autre que celle qu'on retrouvait dans la gestion des Bantous, car, ici aussi les notables n'étaient pas pauvres, c'étaient des hommes riches qui ne recevaient que des indemnités journalières lors des pourparlers sur un fait. Or, aujourd'hui, occuper une fonction publique, c'est se rassurer s'enrichir. On n'occupe pas seulement une fonction politique pour recevoir des indemnités. La plupart des fonctions politiques aujourd'hui sont considérées comme des sources de revenus. Chacun vise faire la politique non pas seulement pour répondre au besoin d'organiser la cité, mais avant tout, à celui de s'enrichir. Nombreux savent maintenant que la politique c'est un lieu où se passent plusieurs machinations pour vite s'enrichir. Ainsi, attire-t-elle beaucoup de gens. Or, faire la politique pour l'argent, c'est tuer l'État. D'où, les hommes politiques se comportent plus en dictateurs, en imposteurs, en résistants. Ils visent plus l'argent que le pouvoir. Par exemple, la démocratie donne le droit au peuple de démettre un élu qui est dans l'incapacité de répondre à ses aspirations ou qui abuse de son pouvoir. Dans plusieurs pays démocratiques, beaucoup d'autorités résistent lorsque les choses se passent ainsi. Lorsqu'un peuple demande à une autorité qu'il trouve incompétente ou abuse de son pouvoir de démissionner, non seulement que l'autorité refuse de se

---

[45] Texte tiré du livre *Histoire 2de*, sous la direction de M.-H. Baylac, éd. Bordas, VUEF, 2001, p.17

retirer, mais, on entend parfois des voix dire non, il n'a pas encore fini son mandat. En matière de démocratie, un peuple peut bien retirer son mandat à un élu même si celui-ci n'est pas arrivé à la fin selon trois raisons : le non-respect des aspirations populaires, l'incompétence et l'abus du pouvoir. Cette résistance est due au fait que par cette demande, on voit ses intérêts menacés. De part et d'autre, on pense que le départ de ladite autorité est une perte pour tous. D'où, ceux qui ont des intérêts portés sur elle, à tous les niveaux se bousculent pour le maintenir au pouvoir même si, c'est la majorité du peuple qui ne veut plus de lui. Le fait qui m'a beaucoup marqué dans ce cas est celui de l'Égypte avec le président MORSI. Ce dernier, avant son élection, avait la confiance du peuple. Les élections organisées, il est élu président de l'Égypte. Mais, aussitôt élu, aussitôt il se détourne de la volonté populaire en se confiant ou en s'inclinant du côté des frères musulmans avec l'idée d'islamiser le pays. Les citoyens se rendant compte du virage qu'il prenait vont exiger sa démission. Ce qui est tout à fait normal en démocratie. Car, même si le peuple confie son pouvoir aux représentants, il en reste toujours garant et souverain. Il doit donc être vigilant sur les élus. Cependant, cette revendication récupérée par l'armée pour éviter une guerre civile a coûté le statut de coup d'État fait par l'armée, au pouvoir actuel de l'Égypte. La question que je me pose est : qu'attendaient les grandes puissances devant le refus du peuple d'être dirigé par MORSI malgré qu'il l'eût eu choisi ? Le comportement manifesté ici par le peuple égyptien, le peuple français l'avait eu à l'égard de Robespierre. Choisi à l'époque pour mettre fin au désordre politique qui régnait pendant la Législative, il instaura la dictature avec un cartel de morts. Il n'avait pas fini son mandat, le peuple criait abat les dictateurs et Robespierre était arrêté et assassiné. De même, après son élection de

1968, devant la crise sociale que le pays avait connue, les Français avaient perdu confiance en De Gaulle et ce dernier avait fini par démissionner à la suite des élections organisées en avril 1969 pour tester sa confiance au peuple. Le non l'ayant emporté, il avait démissionné du pouvoir alors qu'il n'avait pas fini son mandat. C'est pour autant dire qu'une autorité peut bien arrêter son mandat avant sa fin si le peuple majoritaire ne veut plus de lui. Mais aujourd'hui, même dans les vieilles démocraties, les autorités ne veulent pas démissionner même si cela est demandé par la majorité du peuple. Elles réclament souvent que « je n'ai pas encore fini mon mandat ». Ce n'est pas le mandat qui les préoccupe, c'est au contraire les intérêts, l'argent, les avantages qu'ils tirent du pouvoir. En tout cas, l'argent gâche tout. Les autorités comme les partis qui veulent se cramponner au pouvoir, nous parlent des peuples, alors que ces peuples parfois ne veulent plus d'eux parce que croupissant dans la misère, ils le font pour leurs intérêts. Ils ont déjà compris qu'avoir le pouvoir, c'est avoir l'argent. Voilà pourquoi pour poursuivre l'enrichissement illicite, ils disent : le peuple veut que nous restions encore au pouvoir. Et, organiser les élections transparentes devient une fièvre pour eux. Il faut seulement tricher, faire les choses par la force pour continuer à diriger et continuer à prendre l'argent de l'État. Ce qu'ils oublient, c'est que : c'est une folie pour un peuple de se laisser sucer jusqu'à la dernière goutte de son sang. Et que les sujets n'ont meilleure justice que lorsqu'ils se la font eux-mêmes. Les peuples comprennent qu'ils sont sucés, étranglés, voire égorgés d'où se soulèvent-ils maintenant à la moindre incartade politique. À l'allure où vont les choses, plusieurs peuples n'attendront plus qu'ils aient des maîtres pour défendre leur cause, ils agiront par spontanéité. Ils se feront justice eux-mêmes au lieu d'attendre les hommes politiques qu'ils considèrent comme le tabac de la même pipe. Beaucoup d'hommes politiques seront surpris des réactions de leurs peuples comme l'ont été nombreux d'entre eux dans l'histoire.

- **De l'absence des prix homologués**

Défini comme valeur d'un bien, d'un service exprimé par la monnaie, le prix est l'un des thèmes qui ont animé, qui animent et qui animeront toujours le monde économique ou le marché commun. Cette valeur qui était apparue depuis l'Antiquité avec l'usage de la monnaie à côté de la valeur naturelle d'une chose n'a pas existé dès les premiers moments des échanges entre les hommes. Depuis son existence, elle fait toujours l'objet de plusieurs théories, d'Aristote jusqu'aujourd'hui. Je ne développerais pas ici toutes les théories liées à l'établissement des prix, mais, je me donnerais à parler du vocable prix homologués et de son absence sur certaines marchandises dans les pays démocratiques.

En effet, l'histoire de l'économie nous montre que le prix est né avec l'existence de la monnaie, c'est-à-dire, au moment où l'homme avait commencé à utiliser l'argent dans l'échange des biens. Selon les données historiques, les premières sociétés humaines ne se servaient pas de l'argent dans leurs échanges. Elles échangeaient les marchandises entre elles, c'est-à-dire, les objets entre eux. Par exemple, pour épouser sa fille on pouvait l'échanger avec quelque chose d'une valeur importante telle qu'une pièce d'or, un lopin de terre ; comme le blé pouvait s'échanger contre l'argent (en tant que matière). Ce système qu'on appelle le troc n'avait donc pas besoin de l'argent comme moyen d'échange et donc de prix dans l'échange des biens. Or, en étudiant les choses de la nature comme celles de la création, Aristote va découvrir que chaque chose a une double valeur : la valeur d'usage et la valeur d'échange. On peut produire quelque chose pour l'utiliser selon le besoin naturel comme on peut aussi le produire pour l'échanger contre ce qu'on ne produit pas. Tel qu'un agriculteur peut produire le légume pour le manger lui-même, ce qui est son usage ou sa valeur naturelle, comme il peut le produire pour l'échanger contre les bottes, ce qui est donc sa valeur d'échange. Ainsi, saisissant la valeur des choses dans ce sens, Aristote va constater que si dans l'usage naturel, l'objet est utilisé dans son sens normal, au niveau de l'échange, il y a un déséquilibre qui se manifeste. Comment par exemple peut-on échanger l'or avec le blé alors que les deux n'ont pas une même valeur d'usage ? A cet effet, il fallait créer quelque chose qui devrait servir de commune mesure, c'est-à-dire, établir un objet qui servirait d'équité entre les marchandises dans les échanges. D'où les anciens créèrent la balance. Après, lorsque l'usage de la monnaie servit d'échange, celle-ci prit en quelque sorte la place de la balance. C'est à partir d'elle que devraient désormais s'effectuer les échanges et qu'étaient nés le commerce monétaire et la classe des commerçants selon Platon. La monnaie a donc une valeur d'échange, autrement dit, elle permet d'échanger les marchandises à la même valeur. Or, pour qu'on arrive à cet échange, il faut établir un prix. Donc, chaque marchandise ou chaque objet dans sa valeur d'échange devrait avoir un prix. L'institution des prix fit comprendre à Aristote que finalement chaque chose a une double valeur : la forme simple de la valeur où les produits peuvent être échangés entre eux et la forme monétaire de la valeur où l'échange se fait entre une marchandise et l'argent au moyen d'un prix. Ainsi, concevant que les marchandises ne manifestent leur valeur d'échange que par un prix, Aristote pense que tout peut donc être échangé au moyen de l'argent. Donc, il faut que tout ait un prix. À cet effet, si tout doit avoir un prix, comment établir ce prix ? Comment attribuer le prix à chaque marchandise ou à chaque objet ? La réponse à cette question nous amène à faire presque toute l'étude des échanges économiques, à étudier l'histoire de l'économie. Chose impossible selon l'objectif de notre rédaction. Mais, le premier qui en avait parlé, c'est Aristote pour qui à ses yeux, le prix d'un objet devrait être fixé par rapport à sa valeur d'usage. Après Aristote, les nouveaux économistes intégreront plusieurs facteurs dans l'élaboration des prix des marchandises. Tel que le principe de l'offre et de la demande qui stipule que les prix peuvent augmenter ou diminuer selon la rareté ou la présence de la marchandise dans le marché ; ensuite, le prix peut être établi en tenant compte de la valeur de la matière première, de son temps d'extraction et de transformation, de l'exploitation et du coût de production du produit fini, des salaires à payer et du revenu attendu. Cependant, les économistes savent bien que les compagnies manufacturières, comme les commerçants peuvent vendre les produits plus chers que ne le leur demande tout le coût de production et tout ce qui y va, pour tirer profit. Car, ce qui intéresse le monde des affaires, c'est le profit. Les commerçants peuvent profiter de leur activité pour manipuler les prix. Puisqu'il y a même un adage qui dit : « si tu veux voler, vole par le commerce. » C'est dans ce sens, en vue de protéger les citoyens de l'exploitation commerciale que dans l'économie centralisée ou planifiée, les États veillent à l'établissement et au contrôle des prix des marchandises. C'est donc au moment où l'État établit les prix ou assiste à leur harmonisation entre les entreprises au détriment de toute exagération et toute concurrence qu'on parle de l'*homologation des prix*. Donc, plusieurs manières concourent à l'élaboration des prix et parmi eux, figurent en bonne place, les prix fixés par l'État. Lorsque celui-ci ne les fixe pas, il doit au moins veiller à ce que, ce qui a été décidé soit respecté, conformément aux règlements en vigueur.

Cette réalité, dans notre pays par exemple nous la vivions pendant le monopartisme. Les prix étaient bien contrôlés par l'État. Je me rappelle d'un fait qui m'avait marqué dans mon enfance. Entre 1975 - 1980, le manioc était vendu à cent francs dans mon village et à Brazzaville, il l'était à cent vingt-cinq. À un moment, il était passé à cent cinquante francs à Brazzaville sans changer de prix au village. Les femmes constatant cela préféraient venir vendre leurs maniocs en ville. Cela fit l'objet d'une raillerie acerbe contre les femmes et d'une chanson où l'on dit : « Notre propre manioc à cent cinquante francs ! C'est étrange ! C'est du jamais vu ! » Alors, un jour, le chef du village adjoint ayant constaté que des gens n'avaient plus de manioc au village, arrêta le moyen qui le transportait en ville et fit couper tous les maniocs qu'il y avait, devant tout le monde. Cet acte ne m'avait pas plu et je ne voulais plus voir ce monsieur-là, car, je pensais aux souffrances des femmes qui les avaient faits. Or, ce dernier avait agi au nom de l'État et par rapport à l'homologation des prix. Car, ça devrait faire, la décision de tout le village pour augmenter le manioc à cent vingt-cinq francs comme à Brazzaville, on avait ajouté vingt-cinq francs et, le refus de la majorité de le faire, avait conduit les femmes à agir ainsi. Ainsi, pour faire respecter la loi, le chef du village adjoint était obligé d'agir de la sorte. Après cela, les femmes s'étaient conformées à la volonté générale du village.

En ce moment, les commerçants avaient peur de l'État et tout avait presque un prix fixe. Il était difficile de corrompre un homme d'État et les membres du parti étaient les premiers qui devraient respecter la discipline de l'État. Cependant, aujourd'hui, bien sûr que nous voyons les prix établis pour chaque marchandise, mais dans les pays démocratiques, le capitalisme a tout gâché. Les prix non seulement pour beaucoup de produits ne sont pas homologués, pour d'autres, ils ne sont pas contrôlés. Les entreprises créent les produits, fixent les prix et les États ne veillent pas à cela. Celui qui produit quelque chose ou une entreprise qui produit des marchandises vise beaucoup plus, dans les pays démocratiques, l'argent. On veut s'enrichir sous la misère des peuples. La plupart des commerçants qui sont dans les produits cosmétiques profitent beaucoup des citoyens. Ils établissent les prix en toute liberté. On ne sait pas qui vend au prix réel. Par exemple, le marché des produits de l'informatique est un marché trop libre. Je ne sais pas si normalement les États contrôlent exactement la production et la vente de ces produits. Car, chacun vend à son prix et dans une même boutique ou dans un même magasin la même marchandise peut être vendue à des prix différents selon les clients le même jour. Pour un vendeur, deux clients qui se présentent devant lui pour une même marchandise, c'est une perte parce qu'il pouvait bien profiter de l'un d'entre eux. Ça, c'est un marché libre que les États ne contrôlent pas. Ici, on peut bien exploiter les citoyens ; personne n'est là pour les défendre. Ceci est presque de même dans le domaine artistique. Un artiste qui crée une œuvre se donne lui-même ou en accord avec son producteur le pouvoir de fixer le prix de son produit. Ce qu'il voit en premier, c'est l'argent. Or, les prix devraient être fixés en accord avec les gouvernements dans un État démocratique. Car, en démocratie, en toute création, il ne peut y avoir de décision personnelle. Ce qu'on crée, pas ce qu'on est, doit faire l'objet d'une loi universelle. Celui qui crée ne crée pas seulement pour lui-même, mais il crée pour toute la société. Il ne doit pas en ce moment chercher à en tirer profit seul, mais il doit aussi voir l'impact que cela va entraîner chez les autres. Dans les États démocratiques, les prix qui devraient d'abord être discutés pour protéger les citoyens ne le sont pas pour beaucoup de produits. Les peuples sont aux abois, les sociétaires et les commerçants profitent, sont aux anges, les gouvernements assistent. Je ne sais pas s'ils sont devant la question : qui doit-on servir, les citoyens ou les capitalistes ? Mais, à mon avis, ils servent plus les capitalistes. Le laisser-aller instauré par les gouvernements dans le multipartisme enchante les commerçants au détriment des citoyens. Au rythme où les choses vont, si les gouvernements ne reprennent pas les choses en mains pour être réellement au service des citoyens, il y a lieu de se poser la question comme l'une des émissions de TV5 Monde : « que sera demain ? »

- **Des villes et des communes de plus en plus sales**

Parmi les fonctions assignées à l'État, il y a celle liée au bien-être des citoyens. Cette fonction exige que l'État doive garantir le bien-être social des citoyens. Ce bien-être renferme presque deux pôles : celui de garantir la santé des citoyens et celui de garder l'environnement sain pour les citoyens. Ainsi, dans sa fonction, l'État doit assurer non pas seulement les bonnes conditions de santé pour les citoyens, mais il doit aussi veiller à garder l'environnement sain. Car, si on veut préserver la santé des citoyens il nous faut un environnement sain. Il faut que les conditions environnementales soient meilleures. Pour cela, l'État doit réfléchir sur les conditions d'entretien de l'environnement et de l'utilisation des données naturelles. Cependant, avec la hiérarchisation des pouvoirs, l'État en tant que gouvernement ne s'occupe pas des fonctions liées au fonctionnement des villes, en d'autres termes, s'occuper des villes ne relève plus du pouvoir des gouvernements ; il relève des mairies. Ce sont donc elles qui doivent veiller à l'entretien de l'environnement dans les villes. Avec le pouvoir des mairies, toute la politique des villes repose sur elles. Les mairies doivent réfléchir sur le développement des villes en les éloignant des conditions insalubres et invivables. L'observation proche et lointaine des villes montre que plusieurs villes vivent dans des conditions très insalubres. Si certains maires pensent à garder l'environnement sain de leurs villes, les autres au contraire les laissent dans les conditions d'insalubrité très avancées. Nous voyons des villes où l'évacuation des eaux usées pose problème aux citoyens. Les ruelles sont bourrées des tas d'immondices qui puent et dérangent les citoyens, les égouts sont saturés des eaux sales et des déchets de toute sorte. Certaines voiries présentent un état délabré et certains quartiers en pleine ville sont inaccessibles à l'aide des moyens de transport parce qu'enclavés. D'autre part, les citoyens ne vivent pas dans des conditions loyales, ils vivent presque à l'état naturel en pleine ville. Ils manquent d'eau potable, d'électricité, d'écoles proches, de marchés adéquats, de moyens de transport, bref de tout ce qui manifeste la vie de la ville. La vente des produits de consommation directe, tels que les fruits, se fait sur des tablettes ou étagères sales ou à même le sol dans certains marchés publics. Cela se passe au vu et au su des autorités municipales et gouvernementales. Celles-ci pourtant demandent des taxes aux commerçants pour l'assainissement des villes et l'entretien des marchés, mais certaines villes restent très sales. Il n'y fait pas bon vivre. Pendant que les villes présentent des conditions macabres, ceux qui les gèrent vivent dans l'opulence, des conditions confortables. Ils construisent des châteaux dans des secteurs où ils améliorent les conditions pour y vivre eux-mêmes avec les plus fortunés. On les voit dans les conditions meilleures alors que les citoyens cohabitent avec la saleté, l'insalubrité, c'est-à-dire, dans un environnement malsain où il ne fait pas bon vivre. Pourtant, la gestion des mairies a des principes qui demandent parfois aux mairies d'associer les citoyens dans la salubrité de la ville. Cette participation se fait de plusieurs manières : veiller au lieu de construction de maison, faire participer physiquement les citoyens à l'entretien de la ville ou fixer des taxes aux citoyens permettant aux mairies d'évacuer les ordures ménagères. Dans certaines villes, ça se fait, mais dans d'autres par contre, ça ne se fait pas et, ce sont ces villes-là qui présentent un état insalubre. Ici aussi, comme on dit chez nous : « la feuille que mange la chèvre c'est celle que le chevreau mange aussi » (« lukaya lu dia ngudia nkombo, ni lu dia mwana nkombo »). Le système capitaliste qui se manifeste dans la gestion politique en général gangrène aussi la gestion des villes ou des mairies. Nous avons montré plus haut qu'avec la démocratie des partis politiques, ce qui préoccupe plus les hommes politiques, ce sont leurs propres intérêts : s'enrichir d'abord et enrichir les membres des partis, le peuple après. La plupart des gestionnaires des mairies sont dans la même pratique. Ce qui les préoccupe, c'est l'argent. Les conditions de la bonne gestion des mairies, ce n'est pas leur problème. Nous suivons, que ça soit dans les pays développés que dans les pays en voie de développement ou sous développés, des maires qui détournent des fonds de fonctionnement de leurs mairies. D'autres instaurent des taxes illicites alors que leurs mairies, c'est-à-dire, leurs villes sont vraiment dans des conditions inhumaines. Certaines villes font pitié à voir et même parfois si ce n'est pas par rapport aux avantages qu'offre la ville, il ferait mieux de vivre en campagne parce que celle-ci présente des conditions d'hygiène plus confortables qu'au spectre des villes sales. Il y a aussi aujourd'hui, la fuite des autorités des villes. Les ayant polluées, elles veulent créer des zones spéciales loin des villes pour s'y installer et laisser les citoyens pauvres dans la saleté alors qu'il leur revient de trouver des solutions pour remédier à la condition générale. Ils agissent comme Louis XIV qui avait fui la pression populaire et alla s'installer avec tout son gouvernement à Versailles. Certains maires ne savent pas comment faire pour remédier aux conditions insalubres de leurs villes. Ils réfléchissent plus sur comment profiter pendant qu'ils sont maires. Avec le système capitaliste où tout le monde est derrière l'argent, la plupart des fonctions publiques ont perdu leur nature, leur rôle parce que, ceux qui sont placés pour les diriger, se préoccupent plus de l'argent. Aujourd'hui, c'est l'argent qui fait la loi partout. Il ne la fait pas seulement dans le domaine commercial où, tout échange, comme nous l'avions montré ci-haut, nécessite sa présence ; mais il la fait aussi pour toute entreprise, c'est-à-dire, pour tout ce qu'on fait. D'abord l'argent, sinon rien. La recherche exagérée de l'argent a détruit tout. Je me rappelle un juron qui est presque à la mode chez nous, que les gens utilisent pour refuser ou réfuter de faire la chose dans les normes. Ce juron se dit : « c'est ça qu'on va manger » (« ba dia gâ »). Par exemple, on demande à une femme d'être fidèle à son mari. Lorsque cette femme vit l'amour dans le besoin d'argent, elle répond : « est-ce fidèle qu'on va manger » (« fidèle ba dia gâ ») ? Pour elle, la fidélité ne prime pas devant l'argent. Elle peut faire ce qu'elle fait au nom de l'argent sans tenir compte de la fidélité. De même, de nombreux adultes se plaignent du fait que les jeunes filles aujourd'hui sont plus guidées par l'argent que par l'amour. Elles font des choses qui, paraît-il, ne sont pas de leur âge, mais seulement elles sont orientées par la recherche d'argent. Cette pratique a accentué la corruption, car nous constatons qu'il y a des agents qui lorsqu'on leur fait la morale sur leur travail, ils ont parfois la même réaction. Ils vous flanquent parfois : « c'est votre morale là que je vais manger. » Pourtant, ils ont un salaire sur le travail qu'ils font, mais le goût de l'argent, le fric comme on dit dans les films les pousse à prononcer ce genre de paroles. À cet effet, aujourd'hui, nous vivons dans un monde qui dit : « *l'argent avant tout* ». Ce qui n'est autre que l'esprit capitaliste.

Donc, c'est ce même esprit qui gagne de plus en plus les maires des villes au détriment des fonctions qui leur ont été confiées. Les villes se salissent, se détériorent, eux, ils font fortune. Ils sont gais, dans la joie parce qu'ils respectent la nouvelle donne qui dit : « *enrichis-toi là où on t'a placé, point n'est besoin de regarder la vie des autres ou des citoyens* ». Ainsi comme dit l'adage latin : « malesuada fames » (« la faim est mauvaise conseillère ») et celui des Français qui dit : « la faim sort le loup de sa tanière », les maires, par le besoin d'argent, le besoin de s'enrichir perdent ou oublient leur premier rôle, leur fonction dans plusieurs villes en ne s'occupant que d'eux-mêmes. À cet effet, les citoyens dans les communes doivent faire très attention aux gens à qui ils confient le pouvoir des mairies. Ils ne doivent pas choisir les gens qui ne savent pas comment on gère une mairie ou qui ne sont pas formés comme administrateurs-maires. On ne peut les confier qu'à ceux qui en sont formés et qui aiment réellement les gens. Car c'est l'amour des gens qui doit en réalité être le fondement de toute vie sociale. Celui qui doit gérer les gens, doit déjà avoir l'esprit de les aimer, de les considérer comme une partie de sa vie non comme des supports pour atteindre un niveau, comme des points d'appui pour s'enrichir. C'est celui-là qui connaît réellement le sens de : « je suis venu pour vous servir non pour me servir » qui doit être choisi. Car, cette parole a été prononcée pour la première fois par Jésus-Christ et, nous savons à travers la Bible ce que Jésus avait été et avait fait pour les hommes. La Bible nous montre une consécration de sa vie entière (la vie de Jésus-Christ) en faveur des hommes. Il a été réellement au service des gens, il ne visait aucun intérêt personnel. Nous pouvons dire qu'il faisait seulement l'action sociale ou humanitaire, attention à ces politiciens véreux qui utilisent ce principe. Donc, on ne peut pas confier les mairies à n'importe qui comme on ne peut pas confier l'État à n'importe qui. Celui qui n'a pas l'amour des gens ne devrait pas normalement diriger. Ce que Ferdinand MOUANGASSA veut dire en ces termes : « on ne confie pas le peuple à quelqu'un qui apprend à être son ami »[46]. Pour diriger, il faut d'abord être ami du peuple. Or, le peuple ne peut pas se faire l'ami d'une personne. C'est à la personne de manifester son amour, son attachement au peuple à travers ses actes pour que le peuple reconnaisse en lui son ami. Car, même si la venue de Jésus-Christ n'avait pas fait de lui le messie chez certains, mais c'est par ses actes que nombreux avaient cru en lui comme le messie, le sauveur et s'étaient attachés à lui. C'est par ses actes et son amour envers les gens que son nom est resté jusqu'aujourd'hui. Cela ne s'arrête pas seulement avec Jésus-Christ ; de nombreux noms sont cités de nos jours par l'amour qu'ils eurent sur les hommes ou leurs peuples parmi lesquels nous avons Abraham Lincoln et Martin Lutter King aux USA, Charles de Gaulle en France, Gandhi en Inde, Mao Tsé-toung en Chine, Lénine en Russie, Houphouët Bouagny en Côte d'Ivoire, Thomas Sankara au Burkina Faso, Patrice Lumumba en RDC, Fulbert Youlou, Alphonse Massamba-Débat, Marien Ngouabi et Dénis Sassou Nguesso dans sa gestion du monopartisme au Congo Brazzaville… Ces gens, à en croire leurs peuples et ce qui se dit en leurs noms, avaient

---

[46] Ferdinand MOUANGASSA, *Nganga Mayala*, éd. Clé, Yaoundé, 1977, p.32

l'amour de leurs peuples et on ne cesse de réclamer leur gestion ou leur pouvoir jusqu'aujourd'hui. Être au service du peuple, c'est chercher à avoir plus d'avantages pour lui que pour soi-même. C'est cet amour du peuple qui commence à faire place à d'autres partis en Europe au détriment du bipartisme qu'elle a connu pendant tant d'années.

Là où les maires sont nommés, j'avais déjà dit dans *Pour une démocratie sans partis politiques* que cette pratique n'est pas démocratique et qu'il faille procéder par les élections pour laisser le libre cours aux peuples de choisir les gens qui sont en leur faveur ou qu'ils jugent mieux pour la gestion de leurs villes. Car, les nominations sont entachées d'égoïsme et de l'esprit partisan. Les nommés répondent plus au pouvoir de ceux qui les nomment qu'à la volonté des peuples. Il faut purement et simplement faire disparaître la nomination des maires dans les pays démocratiques.

- **Des taxes douanières exagérées**

On appelle taxes douanières, les tarifs imposés sur une marchandise aux frontières d'un pays lors de son importation ou de son exportation. Elles peuvent être saisies comme une taxe et une valeur ajoutée (TVA) sur une marchandise. Cette pratique qui intègre aujourd'hui les échanges entre les nations ou le commerce international, date depuis l'Antiquité et a connu plusieurs changements ou mutations. Dans ces premiers moments, dire taxes douanières était une tautologie, car, le concept douane exprimait l'argent qu'on devrait prélever sur les marchandises venant de l'extérieur ou qui sortait du territoire. En effet, si on fait une analyse profonde de cette pratique, il se manifeste qu'en cette période, il y avait la possibilité que les produits d'un royaume ou d'une république eussent été vendus au-delà de ses frontières. Or, vendre signifie tirer profit, à cet effet, celui qui partait vendre dans un pays étranger, devrait tirer profit de sa vente, alors que les autorités en place n'auraient rien. Ainsi, selon les données historiques, la Chine et l'Inde à l'Antiquité taxaient les produits vendus dans leurs territoires et venant de l'extérieur. Tout produit venant d'un autre pays et qui était vendu dans ces territoires était assujetti à une taxe. La Rome au contraire, taxait les deux types de commerces : l'importation comme l'exportation. C'est cette taxe qui représentait la douane. Tel que le révèle le texte suivant : « L'intérêt, pour les États, de taxer les marchandises pénétrant sur leur territoire a été perçu très tôt : ainsi, dans l'Antiquité, la Chine ou l'Inde frappaient les marchandises circulantes d'un impôt, tandis que Rome établissait un droit à payer pour toute marchandise entrant ou sortant de la ville. »[47]. Ici, la douane n'avait pas le sens d'un service établi aux frontières pour assurer le contrôle de l'entrée et de la sortie des marchandises ou des produits. Elle avait seulement le sens d'une taxe ajoutée ou le droit qu'on devrait payer pour vendre à l'étranger ou un produit. C'est le sens que les gens lui donnent le plus souvent lorsqu'on entend : si tu viens chez nous, je te ferai payer une douane. Je suis souvent des gens qui, lorsque l'un d'eux par exemple dit : « je chercherai ma femme dans votre quartier ou dans votre groupe ». Celui qui est du quartier ou du groupe peut lui répondre : « je te ferai payer la douane ». Dans notre coutume, ça se traduit par l'expression : « je te prendrai l'argent ou tu dois me payer quelque chose ». Ce qui se manifeste en ce sens est que, il n'était pas aisé que quelqu'un aille bénéficier seul des avantages dans un territoire étranger ou, on ne peut pas rentrer dans un

---

[47] Microsoft ® Encarta ® 2009. © 1993-2008 Microsoft Corporation.

territoire sans payer quelque chose. Cependant, avec l'arrivée de la manufacture, la douane avait changé de forme. En effet, avec la fabrication des produits manufacturés, il était apparu au Moyen Âge un système de protection de marché intérieur dans les nations ou les royaumes. Cela veut dire que, lorsque les gens se mirent à créer des produits, il y avait la possibilité que ce qu'on créait dans tel pays eût été aussi créé dans un autre. La vente de ce produit pouvait se faire à l'intérieur comme à l'extérieur. Ainsi, pour protéger le marché intérieur contre les produits extérieurs et le déficit à cause de l'exportation, un service de contrôle de marché avait été créé dans les frontières. C'est ainsi que la douane prit le sens d'un service dont le rôle était de contrôler l'entrée et la sortie des produits manufacturés entre deux ou plusieurs États. Ce service avait deux rôles, contrôler le flux des produits manufacturés et taxer leurs sorties et leurs entrées. Comme cela apparaît dans le texte suivant expliquant le fonctionnement de la douane en France au Moyen Âge : « Avec l'affirmation des États-nations, au Moyen Âge, la douane fut également mise au service d'une politique de protection des activités manufacturières : au XIIIe siècle apparurent les premières interdictions d'exporter et, un peu plus tard, les droits frappant les importations. Devant la complexité grandissante du système, et la difficulté d'organiser un système de perception sur l'ensemble du territoire, Henri IV confia le recouvrement de l'ensemble des taxes douanières à la Ferme générale, au sein de laquelle les fermiers généraux faisaient l'avance des sommes sur leurs propres fonds et avaient ensuite toute latitude pour en organiser la perception. »[48] Donc, avec la naissance des États-nations, la douane avait changé de forme, elle n'était plus seulement comme une taxe, un

[48] Microsoft ® Encarta ® 2009. © 1993-2008 Microsoft Corporation.

impôt prélevé, mais elle devenait un service d'État ou civil avec le but ci-dessus cité. Ces rôles qui se manifestaient ici ont été renforcés au cours de l'histoire par celui de renforcer les recettes économiques dans un État, c'est-à-dire, la douane servait de revenu budgétaire. Cela veut dire, qu'après la naissance du mercantilisme et l'économie du marché, les douanes n'avaient plus seulement comme fonction de contrôler les mouvements des produits et de fixer les tarifs ou les taxes douanières, elles vont servir de fonds économique ou des recettes fiscales d'un pays. C'est cette connotation qu'elles avaient jusqu'avant la crise économique de 1929. Mais, après cette crise, elles avaient semblé reprendre la fonction du Moyen Âge, qui consistait à protéger le marché intérieur. Car, les données historiques nous disent bien qu'après la crise économique de 1929, les barrières douanières ont été renforcées pour protéger les marchés intérieurs contre la concurrence extérieure dans les pays capitalistes. Donc, les douanes n'ont pas connu une histoire stable. Elles ont fonctionné avec un rythme varié. Ainsi, de nos jours, la douane joue presque les fonctions résumées de toute son histoire. Elle est un service d'État qui prélève les droits sur les opérations commerciales entre les produits importés et exportés, sert de protection de marché intérieur en fixant les taxes douanières sur les produits importés et exportés, veille à la fixation des prix des marchandises et leur distribution, comme l'exprime le texte suivant : « douane, droits de, taxes ou impôts prélevés par un gouvernement sur une marchandise importée ou exportée. Le mot douane *(customs,* en anglais) a pour origine la lutte qui opposa la monarchie anglaise au Parlement. Le roi d'Angleterre l'emporta en affirmant que la coutume *(custom,* en anglais) permettait à la Couronne de prélever des droits sur les opérations commerciales.

De nos jours, les droits de douane sont des dispositions fiscales qui appuient la politique économique d'un pays, et ne sont plus exclusivement une source de revenus. Les droits de douane les plus courants sont les taxes qui frappent les importations, destinées à protéger les produits agricoles et industriels fabriqués dans le pays contre la concurrence, en augmentant le prix de vente des articles importés. Les quotas d'importation ont le même objectif. Les taxes frappant les exportations concernent les matières premières, principalement dans les pays agricoles, et permettent de contrôler les prix et la distribution des marchandises. Pour les mêmes raisons, les gouvernements des pays industrialisés et des pays agricoles définissent des quotas d'exportation. Aujourd'hui, les barrières douanières sont combattues par des instances internationales, telles que le GATT (Accord général sur les tarifs douaniers et le commerce) et l'OMC (Organisation mondiale du commerce), qui cherchent à accroître la concurrence économique entre les nations. »[49]

D'une manière générale, les tarifs douaniers sont une protection du marché intérieur et un moyen de profit. De l'Antiquité à nos jours, si on analyse profondément l'esprit qui poussa les hommes à établir la douane, il apparaîtra trois raisons fondamentales : le profit qui apparaît chez les Indiens et les Chinois, le souhait de ne pas voir un produit venant d'un pays, être vendu dans un autre pays ; protéger le marché intérieur. C'est donc en vue de ces trois raisons et comme pour décourager les contrevenants que la taxe douanière a été établie. Ce qui le justifie, c'est l'expression même : barrière douanière. Il suffit d'analyser ce qu'elle signifie, on comprendra la substance même des tarifs douaniers. De même, dans la pratique traditionnelle,

---

[49] Microsoft ® Encarta ® 2009. © 1993-2008 Microsoft Corporation.

j'avais constaté au pool [50] que lorsque le marché appartenait à un village donné, les commerçants de ce village ne voulaient pas que des commerçants venant d'autres villages puissent vendre dans leur marché, à moins que cela soit des produits qui n'étaient pas vendus dans ce marché et là, ils disaient toujours il faut les gens de tel village pour avoir ce produit ou, qu'il faut aller l'acheter là-bas. Parfois quand quelqu'un d'un village donné partait acheter ou vendre un produit dans un autre village, on lui ou il augmentait le prix. Aussi, ce département, fonctionnait dans la semaine avec quatre jours : « MPIKA », « BOUKONZO », « NKOYI » et « NTSABA » ou « TSILA » selon les contrées. Chaque jour correspondait à un grand marché qui chacun portait le nom relatif au jour selon les zones. Ainsi, avions-nous par exemple les marchés « MPIKA TÂBA », « BOUKONZO BUA LAMY », « NKOYI TÂ FUMA » et « TSILA MABA ». Avec l'arrivée des Blancs, ces marchés prirent par après les noms des jours de la semaine du colon. À cet effet, nous avions eu de grands marchés appelés : lundi, mardi, mercredi, jeudi, vendredi et samedi. Comme les commerçants n'avaient pas le droit d'aller vendre dans ces lieux, les organisateurs leur faisaient payer un droit de vente, c'est-à-dire, ils leur prélevaient un impôt appelé en langue vernaculaire « MPAKU ». Et lorsqu'on y allait pour la première fois, il fallait se faire accompagner d'un ancien qui devrait vous présenter chez les responsables qui avaient presque les mêmes prérogatives qu'un douanier. Selon des informations que j'ai tirées d'un ancien chef du village, avant, cet impôt se passait sous forme de collecte appelée en langue kongo : « MUTESA » où chaque vendeur devrait mettre dans le panier la marchandise en

---

[50] L'un des départements de la République du Congo qui abrite la ville de Brazzaville.

nature qu'il vendait dans le marché. Toutes ces pratiques manifestent bien l'esprit protectionniste du marché et du profit des chefs. On voulait bien protéger les marchés des étrangers comme aussi faire profiter les chefs de la vente des marchandises. Donc, les taxes douanières ne sont que secondaires et je peux dire qu'ils relèvent de l'égoïsme humain.

Or, actuellement, ce qui préoccupe plus la douane, ce sont les taxes, en dehors de la contrefaçon, de la contrebande et des produits dangereux ou non autorisés dans le pays qu'elle contrôle dans les frontières. Étant l'une des rubriques des recettes budgétaires des États, elle repose plus aujourd'hui sur les prix des produits importés et exportés dans sa vision de protection du marché. Pour fixer ces prix, chaque pays a une politique individuelle. Cependant, dans la plupart des pays, les produits à toute échelle deviennent de plus en plus chers. Que ce soit les produits vivriers donc de première nécessité pour la vie des humains, que ce soit les produits cosmétiques, la plupart des peuples les trouvent chers. Or, cette cherté est due à plusieurs raisons, parmi lesquelles il y a les tarifs douaniers. Ceux-ci, outre l'avantage qu'ils donnent au budget des États, et l'idée de subventionner les producteurs locaux, poussent les commerçants à augmenter les prix des marchandises dans les marchés. Quand les États ajoutent ces tarifs sur les marchandises, il n'y a pas que cela. Le même produit supporte les impôts, les taxes des mairies. Or, implicitement, ils sont supportés à la fois par l'acheteur et le consommateur. Il s'établit comme un rapport : tu me tapes, je tape ton petit. Le commerçant est obligé de payer ces taxes en revanche, il les fait payer au consommateur qui est le citoyen de l'État, en augmentant le prix. Donc, c'est le consommateur qui est le citoyen qui supporte tout. Par exemple, si quelqu'un achète un poste téléviseur à cinquante mille francs à Paris.

Il vient le vendre à Brazzaville, s'il paye vingt mille francs pour la douane, il paye l'impôt à mille francs, les taxes de la mairie à deux cents francs. Ce poste pour le commerçant lui a déjà coûté soixante et onze mille deux cents francs, ajoutez à cela son billet et le coût de transport de la marchandise ; ce poste peut passer à cent mille francs. Alors à combien le vendra-t-il ? Et quel est le coût de revenu d'un Congolais ? Les tarifs douaniers contribuent de beaucoup à la cherté des produits qu'il faille bien étudier vraiment le problème des douanes. Nous savons par exemple qu'il y a des produits que certains pays ne produisent pas, mais qui sont d'une grande nécessité pour les citoyens. Si on peut consentir que la première fonction de la douane, c'est protéger le marché intérieur pour les produits qui sont à la fois créés et importés, on peut faire que ces produits connaissent un marché libre et ne payent pas la douane ou on le fait à titre symbolique, mais ils payent l'impôt et les taxes des mairies. Par exemple, plusieurs pays ne fabriquent pas les ordinateurs, pour faciliter la tâche aux citoyens, on peut en faire un marché libre ou amoindrir le tarif douanier ; c'est-à-dire, les ordinateurs ne payent pas la douane ou on le fait à un tarif raisonnable, de même pour le commerce des voitures. Bref, tout ce que le pays ne produit pas, on peut en faire un marché libre ou on fait des tarifs douaniers à bas coûts pour provoquer la concurrence des producteurs dans le marché et favoriser le bon marché. Les tarifs élevés des douanes mettent les populations en difficulté et ne nous éloignent pas du capitalisme où, il vaut mieux penser à l'argent, au profit qu'à la condition des vies des citoyens.

Cette question de la difficulté du coût d'achat, causée aux populations par les tarifs douaniers avait été perçue par les gouvernements et l'OMC depuis très longtemps. Ainsi, depuis quelque temps, il se crée des marchés régionaux pour favoriser le libre échange entre les pays qui font partie de ces marchés. Nous avons par exemple : la CEEAC, la CEMAC, la CEDEAO, l'UEMOA, la CAN, l'OCDE… Toutes ces communautés ou tous ces organismes luttent ou travaillent pour des besoins économiques de libre échange ou d'organisation économique entre les États qui les composent. Ainsi, entre les États faisant partie d'un même organisme économique, il s'établit une politique économique pour faciliter les échanges commerciaux et planifier la production des marchandises ou des produits. Cette volonté constitue déjà un atout pour les populations. Car, prenant le cas de la CEMAC, le produit tel que l'oignon qui quitte le Cameroun et vendu au Congo est très apprécié par son prix par la population congolaise. Si ce produit payait le droit de frontière, j'espère qu'il ne coûterait pas ce qu'il coûte aujourd'hui. Cela dit, comme plusieurs organismes et l'OMC luttent pour une économie mondiale de libre échange pour favoriser la concurrence, à mon avis, pour alléger la souffrance des peuples, on doit passer des marchés régionaux à une organisation libérale universelle. Je veux dire, le libre échange et la planification de la production de produits, ne doit pas s'arrêter dans les marchés régionaux, mais que cela s'étende ou se fasse pour le monde entier. On peut faire que les matières premières qui quittent un État donné et qui permettent de fabriquer un produit dans un autre pays ne subissent pas le droit de douane. Et, au retour le produit fini de cette matière première lorsqu'il sera vendu dans le pays d'extraction, on le fait aussi de même. De même, on peut répartir la production des marchandises ou des produits. Par exemple, on peut faire que tel pays par rapport à ses richesses naturelles peut nous produire ceci ou cela. Aujourd'hui, nous suivons que la plupart des produits textiles sont produits en Asie : Chine, Indonésie, Inde… donc, on peut centraliser cette production dans ce continent avec le droit du travail en l'exemptant d'autres produits. Car, même si les gouvernements prennent des mesures pour protéger les marchés et les productions intérieurs, puisque les capitaux ne sont pas entre leurs mains, les capitalistes veulent désormais placer leurs entreprises là où la matière première est abondante, proche, ne nécessite pas le transport et les prix de douane, mais aussi là où la main d'œuvre est moins chère ou là où le besoin se fait sentir (nous voyons maintenant les Chinois investir en Europe dès qu'ils sentent le besoin quelque part et l'Europe est en train de s'ouvrir vers les capitaux des orientaux). Tel que les choses vont, avec le système capitaliste, l'Europe risque de voir encore tous ses capitaux fuir le continent. Les capitalistes risquent de se ruer plus dans les pays qu'ils trouvent favorables pour leurs entreprises et l'Europe risque de devenir le débouché des produits finis de ces propres capitalistes comme elle l'a été après la découverte du Nouveau Monde. Le capitalisme commence à montrer ses limites en Europe qu'il est opportun que l'Europe réfléchisse déjà sur un système intermédiaire entre le capitalisme et le socialisme. Sinon, la crise est encore à sa porte.

Je voudrai aussi relever que, les tarifs douaniers excessifs ne profitent pas aux gouvernements. J'ai essayé de faire un sondage au niveau de quelques commerçants de mon pays sur les frais de la douane. La plupart de ceux avec qui j'ai conversé m'ont presque dit : « si on payait les frais de douane tels qu'on l'exige dans le pays, on ne ferait pas le commerce ici ». Et quand je leur demande : comment faites-vous donc pour faire rentrer les marchandises dans le pays ? Nombreux m'ont répondu, c'est un secret des affaires ou les affaires restent les affaires. Après une petite enquête que j'ai menée, il apparaît que dans le commerce chacun se fait parent d'un douanier ou d'un agent des impôts. On se tisse des rapports pour échapper aux tarifs douaniers. Or, ce système ne profite pas au gouvernement et aux citoyens. Il profite aux agents de la douane et des impôts et aux commerçants. Le douanier ou l'agent de l'impôt qui se fait parent d'un commerçant reçoit au retour un pot-de-vin. Le commerçant quant à lui vendra son produit comme s'il avait normalement payé la douane. Car, ils ne cessent de dire : « les choses sont chères parce que la douane est très chère », alors que nombreux ne la payent pas. Les tarifs douaniers élevés font enrichir ceux qui gèrent le marché du commerce : les douaniers et les commerçants sous la misère des peuples. Or, comme on dit : « l'impôt tue l'impôt ». Lorsque les tarifs douaniers sont très élevés, ils favorisent plus la fraude fiscale, la corruption et, ce qui devrait revenir à l'État rentre dans les poches des gens. Ce sont des individus qui profitent de ce système. A cet effet, il faut avoir des tarifs douaniers plus souples, car, autant ces tarifs sont souples autant, les commerçants les payeront normalement et autant, on attirera beaucoup de commerçants à s'intéresser aux marchés des pays pour la vente des produits. Car dans les marchandises où les douanes sont faibles ou il n'y en a pas, il n'y a pas de fraude fiscale. Par exemple, quelqu'un achète une voiture en Europe, il veut la vendre au Congo. Tous les papiers liés aux services des douanes congolaises lui demandent au moins sept cent mille francs, l'intéressé peut négocier avec un douanier et la voiture sort soit avec un tarif de deux cent mille. Cet argent ne passera pas dans les caisses de l'État. Il fera l'affaire du douanier qui aurait négocié avec le commerçant. Mais, si la douane est faible, on n'assisterait pas beaucoup à ce genre de choses et on favoriserait l'engouement des commerçants dans le pays. Si par exemple la douane est à trente pour cent du prix d'achat, pour faciliter le prix de vente de la marchandise et éviter la fraude fiscale, on peut la mettre à dix pour cent.

La fraude fiscale que l'on vit dans presque tous les pays est la résultante des tarifs douaniers trop élevés. Certains commerçants n'arrivent pas à les supporter d'où ils sont contraints de tricher, de frauder au détriment des caisses des États et au profit des agents des douanes et des commerçants. Ces tarifs poussent les gens à planifier des politiques parallèles à côté de ce que les États décident. Car, lorsque la loi est trop rigide, elle pousse les citoyens à adopter des comportements désinvoltes. L'amour de l'argent, la nécessité de renflouer les caisses des États sur les tarifs douaniers excessifs, nous amène beaucoup plus dans les pratiques capitalistes que dans la protection des marchés et la vie facile des citoyens. On veut s'enrichir par la douane.

- **La nouvelle forme d'esclavage**

L'esclavage est une condition qui caractérise la société humaine depuis longtemps. Dans la plupart des civilisations anciennes, il était considéré comme une réalité immanente à l'existence qu'il n'était pas saisi comme un mal, une condition inhumaine. Il était saisi comme l'un des moyens d'échange commercial. L'esclave était un bien, un produit d'échange, de commerce et un moyen de production de bien donc, il était un genre économique. Ainsi, Karl Marx dans sa lettre du 28 décembre 1846 à ANNENKOV stipule : « Aussi l'esclavage, parce qu'il est une catégorie économique, se trouve depuis le commencement du monde chez tous les peuples. Les peuples modernes n'ont su que déguiser l'esclavage chez eux-mêmes et l'importer ouvertement au Nouveau Monde. »[51] C'est ainsi que malgré le sens qu'il

---

[51] Karl Marx, *L'idéologie allemande*, éd. Messidor, 1982, p.246. (Annexes)

lui donnait : un esclave est une marchandise, Aristote la trouvait comme une condition humaine s'expliquant par le fait qu'à côté des hommes libres, il fallait des esclaves qui étaient dévolus au travail pour l'oisiveté des hommes libres. Chaque homme libre pouvait donc se procurer d'un ou des esclaves qui devraient travailler à sa place. Cette considération que nous retrouvons chez Aristote dans *La politique*, n'est autre que celle qui est dans la Bible. Ici, Dieu reconnaît cette condition dans le sens où il dit : « si tu achètes un esclave hébreu, il servira six années, il sortira libre sans rien payer. S'il est entré seul, il sortira seul ; s'il avait une femme, sa femme sortira avec lui. Si c'est son maître qui lui a donné une femme, et qu'il en ait eu des fils ou des filles, la femme et ses enfants seront à son maître, et il sortira seul »[52]. L'esclave était bel et bien pris dans le sens de serviteur, producteur des biens, car, ici, même les enfants qu'il aurait faits avec une femme venant de son maître sont les biens de ce dernier. Dans la culture kongo, l'esclavage était ou est appelé « ''tsinanga'' » et l'esclave « ''nanga'' ». Le « ''nanga'' » (l'esclave) était une personne vendue par ses parents ou par sa famille suite à une dette consentie et non remboursée, soit à la suite d'un comportement égaré, c'est-à-dire, d'un brigandage appelé « ''bumpumbulu'' » ou, soit par un simple besoin de traite. Sa condition n'était pas différente de l'esclave européen, elle était la même. Cela montre comment, l'esclavage et la traite humaine n'étaient pas seulement une question européenne, mais, ils s'exerçaient presque dans la plupart des civilisations du monde. À cet effet, les sociétés étaient formées de l'inégalité et des classes. Il y avait donc la classe des hommes libres et celle des esclaves. Cette condition changeait de terme en

[52] Moïse, *La Sainte Bible*, nouvelle édition de Genève, Genève, 1979, p.76, soit EXODE : 21 : 1-3

Europe selon les époques et les sociétés. Ainsi, au Moyen Âge, l'homme libre prendra le statut du maître et l'esclave celui de serf, aux temps modernes, le maître devenait le bourgeois et l'esclave le prolétaire. Tel que le manifeste Karl Marx dans *manifeste du parti communisme* en ces termes : « L'histoire de toute société jusqu'à nos jours n'a été que l'histoire de lutte des classes. Homme libre et esclave, patricien et plébéien, baron et serf, maître de jurande et compagnon en un mot oppresseur et opprimé, en opposition constante, ont mené une guerre ininterrompue, tantôt ouverte, tantôt dissimulée, une guerre qui finissait toujours soit par une transformation révolutionnaire de la société tout entière, soit par la destruction des deux classes en lutte. Dans les premières époques historiques, nous constatons presque partout une organisation complète de la société en classes distinctes, une échelle graduée de conditions sociales. Dans la Rome antique, nous trouvons des patriciens, des chevaliers, des plébéiens, des esclaves ; au Moyen Âge, des seigneurs, des vassaux, des maîtres de corporation, des compagnons, des serfs et, de plus, dans chacune de ces classes, une hiérarchie particulière. La société bourgeoise moderne, élevée sur les ruines de la société féodale, n'a pas aboli les antagonismes des classes. Elle n'a fait que substituer de nouvelles classes de nouvelles conditions d'oppression, de nouvelles formes de lutte à celles d'autrefois. »[53] Cette division ne s'arrêtait pas seulement aux classes, mais, elle intéressait aussi la condition sociale, le niveau de la pensée, et le travail. Sur la condition sociale, l'esclave devrait le demeurer jusqu'à sa mort où jusqu'à la période définie dans les principes de la société tels que nous l'avons vu dans le texte de l'Exode, à moins qu'il n'eût eu racheté sa

[53] Karl Marx, *Manifeste du parti communiste*, éd. du Progrès, Moscou, 1978, p.33-34.

condition. Il ne devrait pas accéder à la richesse, il devrait toujours être pauvre parce que s'il devenait riche, non seulement qu'il égalerait son maître, mais il deviendrait libre. S'agissant de la pensée, l'esclave était considéré comme un sous-homme, quelqu'un qui ne pense pas et dont la vie et même la condition de sa famille devraient être pensées par l'homme libre, son maître. Il était à ce niveau assujetti, considéré comme un animal, une machine incapable de penser. Tout pour lui, devrait être réfléchi par l'homme libre sans négociation et celui-ci pouvait faire de lui ce qu'il voulait sans crainte. Enfin, sur le travail, seul l'esclave devrait travailler, l'homme libre non. Telles sont les visions que nous avons des israélites chez les Égyptiens dans la Bible et la façon dont on considérait et on considère encore la différence entre ces deux classes dans les différentes périodes et les différentes civilisations. Cette condition inhumaine qui ne s'explique par aucune référence animale si ce n'est par la dualité des choses, mettait mal à l'aise certains esprits en la considérant comme un mal et qui cherchaient depuis longtemps à mettre fin à cette condition ou à cette inégalité. Soucieux par exemple de la condition de l'esclave et voulant l'équité naturelle ; Aristote parlait d'une division équitable des biens entre l'esclave et l'homme libre. Il voulait une justice compensatrice. Pour donner la valeur au travail de l'esclave, il fallait qu'il y ait un partage équitable des biens. Cette lutte qui commença par cette forme atteindra à la fin de l'esclavage sous la forme de traite aux temps modernes dans certains pays de l'Europe et de l'Amérique après. Cependant, malgré cette abolition, au dix-neuvième siècle, les rapports entre les bourgeois et les prolétaires marquaient encore l'esprit d'esclavage dans le traitement des prolétaires ou des travailleurs. Ainsi, Marx va constater que dans les temps modernes, l'esclavage avait changé de forme. Il avait pris la forme de la domination nette du bourgeois sur le prolétaire. Les nouveaux rapports de production faisaient de l'ouvrier une machine dont tout était dicté par la bourgeoisie. Dans le travail, l'ouvrier n'est pas lui-même, il est une marchandise. En effet, selon Marx, la vie de l'ouvrier porte sur l'objet qu'il produit, mais, à la fin, cette vie lui devient étrangère, elle ne lui appartient plus. Il n'est plus ce qu'il veut être par son travail, bref l'ouvrier devient étranger à lui-même, tel qu'il l'exprime en ces termes : « L'ouvrier place sa vie dans l'objet. Mais alors celle-ci ne lui appartient plus, elle appartient à l'objet. Plus cette activité est grande, plus l'ouvrier est privé d'objets. Il n'est pas ce qu'il produit par son travail. Plus ce produit gagne en substance, moins l'ouvrier est lui-même. L'aliénation de l'ouvrier dans son produit signifie non seulement que son travail devient un objet, une réalité extérieure, mais que son travail existe en dehors de lui, indépendamment de lui, étranger à lui, et devient une puissance autonome face à lui, que la vie qu'il a prêtée à l'objet s'oppose à lui, hostile et étrangère. »[54] Cette description que Marx fait ici sur l'ouvrier et son travail concerne le monde capitaliste. Dans ce système, l'ouvrier n'est pas lui-même. Tout ce qu'il fait dans son travail est fixé par le patron. Par exemple, dans la plupart des cas, c'est le patron qui donne le travail à l'ouvrier, c'est lui qui fixe tout sur les conditions du travail : l'heure, la quantité de produits à fournir, le salaire, l'assurance maladie, le rythme du travail… Pendant le recrutement le patron impose tout à l'ouvrier sans parfois une négociation. Étant dans le besoin, l'ouvrier est obligé d'accepter les conditions qu'on lui impose espérant que par ce travail, il répondra aux besoins de sa vie. Cependant, qu'est-ce qui se passe après ? Dans de nombreuses entreprises, l'ouvrier

---

[54] Karl Marx, *Manuscrits de 1844*, éd. G.F. Flammarion, Paris, 1996, p.110.

ne bénéfice rien du travail qu'il fournit. Pendant que le patron se donne un gros salaire lui permettant de résoudre ses problèmes, n'importe lequel, de répondre facilement à tous ses besoins, l'ouvrier qui produit la marchandise reçoit un salaire maigre ne pouvant pas lui permettre de répondre à ses besoins. Donc, au moment où, il veut se retrouver par le travail, c'est la misère au contraire qu'il vit dans son activité. À tout moment, il se plaint, mais il ne peut rien face aux exigences de la vie. Il est obligé de travailler malgré lui. Cette condition nous la vivons aujourd'hui dans plusieurs cas. Beaucoup de compagnies ont instauré un système coercitif à l'égard des ouvriers, système qui manifeste vraiment la nouvelle forme d'esclavage. D'abord partout nous suivons que sur les salaires entre les patrons et les ouvriers, il y a un grand écart. Les patrons des entreprises gagnent plus que les ouvriers. Dans certaines entreprises, cette pratique est très criarde. Le patron peut toucher trois cent mille francs alors que dans la même compagnie, il y a des gens qui gagnent cinquante mille francs. Pourquoi cet écart ? Alors que l'ouvrier produit le travail et le patron fournit les moyens de production. Cet esprit n'est autre que celui que nous avions dans le rapport homme libre et esclave. L'homme libre ou le maître voulait plus gagner que l'esclave ou le serf. Parfois, à la fin de la production, le patron bénéficie seul de la plus-value. Je veux dire, il y a des entreprises de production qui au moment de la production, tout le monde a un salaire, même le patron. À la fin de la production, l'entreprise se retrouve avec un reste d'argent. Pourtant, selon les normes de la gestion des entreprises, cet argent, tous ceux faisant partie de l'entreprise devraient en être bénéficiaires ; chacun devrait avoir quelque chose dans cet argent. Mais, nous suivons beaucoup de plaintes où dans certaines entreprises, seuls les patrons ou le staff en bénéficient ou en tirent profit. Ce qui marque le caractère d'une exploitation pure des ouvriers. Comme ils arrivent sans argent et sans matériel, ils doivent repartir ainsi comme l'esclave des Hébreux. Alors que leur travail aurait beaucoup produit en argent comme en matériel. De même, lors des élections anglaises de cette année (2015), la chaîne européenne Euronews faisait passer un reportage sur le travail au Royaume-Uni. Ce reportage portait sur un type de contrat de travail que l'on retrouve au Royaume-Uni, appelé « *contrat zéro heure* ». À la lumière de ce reportage, ce contrat est un contrat de travail que les entreprises ou des particuliers font signer aux employés lors de leur recrutement. Les principes mentionnés dans ce contrat ne tiennent pas compte du droit de travail. Par exemple, comme son intitulé l'indique « contrat zéro heure » aucune absence n'est tolérée. Vous n'êtes payé qu'en fonction des jours où vous avez travaillé. Donc, les maladies, la maternité, la demande d'absence ne sont pas prises en compte. Si vous êtes dans l'un de ces cas, ces jours ne vous seront pas payés. L'employeur peut révoquer l'employé sans tenir compte du droit de travail. Cela ne se manifeste pas seulement en Angleterre, mais il apparaît dans plusieurs pays et dans plusieurs entreprises. Tel que, les médias ne cessent de nous montrer que dans les usines de fabrication de textiles en Inde, en Chine, en Indonésie, les gens y travaillent dans des conditions inhumaines, très dégradantes. Ils ont de maigres salaires. De tels contrats montrent quoi réellement, si ce n'est que l'employé est esclave de son emploi : il en est totalement assujetti. L'emploi ne lui laisse aucune liberté parce que d'une manière ou d'une autre, il exige à l'employé de ne pas tomber malade ; or la maladie est naturelle ; de ne pas mettre au monde or, ceci est un besoin social et presque une obligation naturelle et de ne pas avoir d'urgence, ce qui est impossible dans la vie de l'homme ; les urgences s'imposent à nous. Je ne sais pas si en faisant signer ce genre de contrat à leurs employés, les employeurs les considèrent comme des extras terrestres qui ne peuvent sentir ni subir rien du monde. Ces conditions, nous rappellent bien le traitement des esclaves de l'Antiquité au temps féodal et, des prolétaires aux temps modernes. Ce que nous remarquons, c'est que, les journalistes occidentaux ne décrient pas ce genre de comportement contre leur pays, mais, ils le manifestent beaucoup pour les pays orientaux. Pour ces pays, ils crient à tout moment pour le non-respect du droit de travail, alors que dans leurs pays, ce droit est aussi bafoué par certaines entreprises et certains employeurs. Au moment où certains partis se lèvent pour critiquer cette façon de faire, il y a des partis qui l'encouragent. L'analyse de ce comportement ne nous éloigne pas de l'esclavage et donc du capitalisme. Cela montre que nous sommes dans une nouvelle forme d'esclavage. Car, ici aussi, l'employeur se concentre plus sur l'argent que sur la vie du citoyen ou de l'employé. Ne pas payer quelqu'un pendant qu'il est malade ou en congé de maternité pour des entreprises qui génèrent l'argent, c'est inexplicable et je peux dire que c'est diabolique.

La nouvelle forme d'esclavage s'explique donc par le fait que les employeurs continuent à se comporter dans certaines entreprises comme des hommes libres de l'Antiquité, des maîtres féodaux et des bourgeois des temps modernes. Ils se fixent les salaires eux-mêmes, décident seuls des conditions de travail et du salaire des employés. Ceux-ci s'assujettissent et se laissent dominer par leurs employeurs comme au temps de l'Antiquité et du Moyen Âge par le besoin du travail, mais ils ne se retrouvent pas dans ce travail. Nombreux disent : « nous travaillons seulement pour les autres, nous sommes esclaves ». Or, dans un État démocratique, ce genre de comportement ou de traitement n'allait plus exister. Nous savons très bien qu'en démocratie, tout repose sur la loi, aucune action ne peut être menée sans être soumise à la loi. Cette loi ne se prend pas de manière individuelle, elle doit être prise par consensus ou par la majorité des membres qui fondent une société. Une entreprise est une société, donc, son organisation devrait ressortir réellement d'une assemblée générale où tout serait mis au point par l'ensemble la constituant au lieu que cela vienne d'un seul ou de quelques individus. Au cas contraire, il faut fonctionner selon le droit de la cité ou du travail. Mais, comme la démocratie actuelle marche avec l'intérêt des particuliers, ce sont les patrons qui donnent le travail aux employés, les gouvernements qui devraient défendre l'intérêt des travailleurs sont corrompus par les capitalistes. Ils ferment les yeux aux souffrances des citoyens, car, eux-mêmes dans certains pays, agissent presque de même devant leurs travailleurs. Ils se font de gros salaires, loger, soigner, véhiculer, nourrir, protéger par l'État sans accorder ces avantages aux citoyens et même aux fonctionnaires de l'État. Or, la démocratie veut que nous créions les mêmes conditions sociales pour tous les citoyens. Il ne s'agit pas ici de dépasser la condition naturelle qui nous place devant la trame de la dualité de la vie où à côté du pauvre, il y a le riche, mais il s'agit de faire bénéficier des mêmes avantages sociaux à tous les citoyens. Par exemple, le principe démocratique dit : « la loi ne peut faire aucun privilège ». Démocratiquement, le principe monarchique et tyrannique qui dit : « il n'y a pas de loi sans exception », n'existe pas, car, il y est dit : « nul n'est au-dessus de loi ». Faire des exceptions signifie écarter ceux-là de la loi, ce qui n'est pas possible. Alors, pourquoi dans certaines entreprises comme dans certains pays démocratiques les patrons ou les autorités ont-ils des avantages que les employés ou les citoyens n'ont pas ? Cela manifeste l'esprit monarchique qui fonctionne avec des privilèges qui sont corollaires au système capitaliste.

Soucieux de la condition des prolétaires, Marx eut l'idée de créer le parti communiste à qui il donna la mission insigne de renverser les conditions en place par une révolution pour mettre en place une société d'égalité. De même, c'est à cause de cet esclavage que le syndicat, le droit du travail et l'OIT ont été créés. J'en appelle donc ici à la vigilance des employés et des citoyens qui doivent savoir que la domination bourgeoise et sa dictature dont Karl Marx parle dans sa philosophie sur le capitalisme n'ont pas encore pris fin. Nous vivons une nouvelle forme d'esclavage. Si les fonctionnaires et les citoyens le sont pour leurs gouvernements dans certains pays démocratiques, certains employés le sont pour leurs employeurs. Il y a donc lieu de continuer à lutter pour des conditions de plus en plus démocratiques et civilisées pour les employés dans les lieux de travail.

Ce qui interpelle beaucoup ma conscience est que, devant un citoyen étranger, les agents de l'ordre : les policiers comme les gendarmes emploient parfois le terme *sujet*. Au lieu de dire que nous avons un citoyen de tel pays en situation irrégulière chez nous, ils utilisent parfois le mot sujet. Or, politiquement le sujet, dans la monarchie, c'est celui qui est sous la domination du roi, en démocratie, c'est tous les citoyens devant la loi, car, il est dit ici que « tout citoyen est sujet à la loi ». Et, en droit le sujet, c'est la personne interpelée ayant enfreint une loi, en d'autres termes, c'est la personne accusée en justice. C'est la même conception qu'on retrouve dans la police et la gendarmerie. Donc, le sujet ne l'est que par rapport à l'inobservation de la loi de son pays. Il ne l'est pas par rapport à la loi d'un pays où il n'est pas citoyen. À l'étranger, un citoyen d'un autre pays ne peut être considéré comme sujet, mais comme un citoyen étranger. À cet effet, une personne en situation irrégulière dans un autre pays ne peut être dite : *sujet* de son pays d'origine puisque là-bas, il n'est pas sujet, il est citoyen. Il vaut mieux dire que nous avons un citoyen de tel pays en situation irrégulière que de dire nous avons un sujet. Employer le mot sujet à la place du mot citoyen montre bien que les instances politiques considèrent les citoyens comme au temps de la monarchie d'où elles pensent qu'elles peuvent avoir des privilèges et ne doivent pas avoir les mêmes droits avec eux. Le mot sujet rabaisse les citoyens et les écarte de leur droit. Ainsi, cette confusion qui règne chez les hommes de l'ordre leur fait perdre leur responsabilité devant les citoyens. En les considérant comme des sujets, ils ne peuvent pas les respecter, car, le malheur d'un sujet en politique, c'est de perdre son sens de citoyen et donc ses droits. D'où le sort réservé aux citoyens étrangers en situation régulière ou irrégulière dans un pays étranger. Ils sont pour la plupart maltraités, car ils ont le statut de sujet qui ne peut pas les honorer.

Ce constat sur la nouvelle forme d'esclavage m'amène à dire que les politiques doivent se déterminer sur la réalité de cette question. Ou on considère l'esclavage comme une réalité, comme cela était le cas jusqu'au XVIIIe siècle en Europe et au XIXe siècle aux USA, ou on le condamne puisqu'il ne se justifie par aucune réalité animale, si ce n'est par la dualité des choses et en ce sens, il faut donc veiller au strict respect de la condition universelle de l'homme et du droit de travail. Il faut chercher à gérer pour cela les entreprises sous la forme des sociétés démocratiques.

Chapitre V : Que doit-on faire face à la réalité actuelle ?

Tout au long de ce qui précède, j'ai montré que l'objectif de cet essai est de montrer que la démocratie moderne fait l'objet de critiques ou de déception pour la plupart des peuples qui vivent sous ce régime politique. Des anciennes démocraties aux nouvelles, les citoyens ne cessent de se plaindre de leurs conditions de vie sociale. Pendant qu'ils s'attendaient à une vie meilleure en démocratie, ils se rendent compte que la démocratie les entraîne de plus belle dans des difficultés les plus criardes. L'inégalité, l'exclusion, le favoritisme, la non-assistance, les privilèges qu'ils ont eus à critiquer dans les systèmes non démocratiques se retrouvent et de manière plus accentuée en démocratie. Cette réalité déplaît aux peuples qui ne cessent de revendiquer plus de démocratie. À cet effet, j'ai voulu bien montrer ici que comme la politique va avec l'économie, mieux il n'y a pas de politique sans économie ; chaque régime politique doit s'accompagner d'un système économique. Autrement dit, chaque régime politique devrait être en corrélation avec un système économique donné. Ainsi, après une analyse des données historiques, j'ai abouti au fait que et, c'est ce que j'ai montré, le régime démocratique pour qu'il apparaisse réel devant les citoyens a besoin d'être géré économiquement avec le socialisme. En d'autres termes, ce qui apparaît après l'analyse des données historiques, est que la démocratie institutionnelle doit s'accompagner de la démocratie sociale pour qu'elle soit réelle. Si la démocratie en tant que régime politique fonctionne avec un autre système économique, elle pose problème et semble être méconnue par les citoyens. C'est pour cette raison que la démocratie actuelle fonctionnant avec le capitalisme pose problème et semble décourager les citoyens. Trop de capitalisme n'arrange pas les citoyens et donc la démocratie actuelle. À cet effet, que doit-on faire devant cette réalité ?

Chacun de nous est en réalité appelé à réfléchir sur cette question. Mais, ce qu'il faut savoir, c'est que la société telle que l'avait décrite Karl Marx n'a pas changé, elle présente toujours des classes sociales. Elle est toujours faite sous des bases inégalitaires : les riches et les pauvres. Pour les riches cette réalité peut demeurer telle parce que cela relève de la réalité de l'existence. Dieu ou la nature avait créé les choses dans cette dualité donc, on ne peut s'étonner de voir les choses ainsi. Cependant, ceux qui sont plus concernés pour cette réflexion, ce sont les pauvres. Ce sont eux qui subissent le poids de ce système. Il leur revient de se battre pour l'amélioration de leurs conditions de vie. Les riches ayant fixé leurs intérêts sur l'argent oublient finalement comment mettre en relief la démocratie institutionnelle et la démocratie sociale. En réalité, la démocratie n'est pas seulement une culture politique, elle est aussi un mode de vie d'une société. Quand on l'adopte, il faut s'attendre à un bouleversement ou à un changement social. Reposant sur la volonté générale comme le pense Rousseau, il faut pour cela adopter des principes généraux pour la conduite sociale. Si par exemple, avant, dans la société ou dans la cité, on avait une gestion différente des problèmes sociaux, en démocratie, cette gestion doit se faire en adoptant une politique communautaire. Tel qu'on ne peut plus avoir une gestion distincte sur la gestion agraire, les mariages. Du Nord au Sud, de l'Est à l'Ouest, les citoyens doivent observer les mêmes principes. On ne peut plus constater une différence dans la gestion des faits sociaux. Il faut donc établir la loi pour abolir la différence et harmoniser les choses. En démocratie, on a besoin d'une même loi dans la cité pour gérer de manière communautaire les problèmes sociaux. On ne peut plus dire que nous les

Bretons, les Gaulois, les Laris, les Mbochis ; dans tel département ou tel autre, nous marions nos filles comme ceci. Ça doit être : En France, au Congo nous marions nos filles comme ceci. Nous devons apprendre à cet effet à distinguer la démocratie comme un état d'être social que recherchent la plupart des peuples de la démocratie politique qui se manifeste par les institutions étatiques. La démocratie sociale a une exigence : la liberté et l'égalité de tous. Elle veut faire disparaître le clivage pauvre-riche. Son essence consiste à mettre fin à l'inégalité sociale, au profit individuel et à la différence culturelle pour un intérêt commun. On peut dire que par son principe, la démocratie exige bien l'égalité sociale entre citoyens or, les riches ne veulent jamais qu'ils soient égalés par les pauvres comme un haut gradé ou un haut diplômé ne veut jamais être égalé par un moins gradé ou un moins diplômé. Ainsi, ici, j'ai recensé quatre principes qu'il faut appliquer pour remédier à cette situation : revenir sur le citoyen et la cité comme objectif principal de la vie politique, abolir purement et simplement les partis politiques, mettre fin à la politique de diviser pour régner, la forte imprégnation des peuples dans la politique.

1- Du citoyen et de la cité comme objectif principal de la vie politique

Toute action humaine qu'elle soit individuelle ou collective repose sur un objectif, c'est-à-dire, sur un but, un intérêt. À en croire Aristote, ce but qu'il appelle dans sa philosophie « télos » ou « fin » est la cause ou la raison fondamentale qui justifie réellement l'engouement qui pousse tout individu à faire ce qu'il fait. Cette raison sera reprise par Arthur Schopenhauer dans son œuvre, *Le monde comme volonté et comme représentation*, en termes de leitmotiv. Donc, tout se fait selon une fin donnée. C'est cette fin ou ce but qui définit tout ce qui doit être entrepris pour l'atteindre. Car, lorsqu'on a un objectif à atteindre, il faut une politique ou des moyens pour l'atteindre. Ainsi, la politique ne peut être exempte de cette réalité. Elle ne peut être faite sans objectif. Cependant, le comble est, étant donné que la politique est multidimensionnelle, c'est-à-dire, il y a plusieurs régimes politiques ; on constate que celle-ci semble ne pas avoir un objectif précis, défini. Si on se réfère aux données historiques sur la gestion de l'État, à la pratique du pouvoir et la fonction de l'État selon les philosophes ; on se rendra compte que l'objectif de la politique diffère selon les régimes. Dans la monarchie, la tyrannie, la timocratie, l'oligarchie et la ploutocratie l'objectif de l'État porte plus sur l'intérêt des particuliers. On fait la politique pour être au service de ses propres intérêts et de ceux que l'on juge nécessaires. Par exemple, de l'Antiquité jusqu'au XVIIe siècle, la plupart des rois européens faisaient la politique en leur propre nom. Tout le peuple devrait travailler pour soutenir et enrichir le roi. Les rois faisaient des royaumes leurs propriétés et donc tout ce qui se faisait, devrait l'être en leurs noms. De même, lorsque la bourgeoisie renversait la monarchie, elle remplaçait les intérêts accordés aux rois en sa faveur. Elle faisait de l'État ou du pouvoir un instrument de domination, d'assujettissement ou de torture. Quand le pouvoir était sous l'influence de l'Église, c'était pareil. On travaillait pour la religion ou pour Dieu. Dans ces trois cas, les citoyens ou les peuples ne travaillaient pas pour l'intérêt commun, mais ils travaillaient pour l'intérêt des rois, des bourgeois ou de l'Église. Tous les peuples étaient bien conscients de cela. Les contrevenants faisaient l'objet des traitements inhumains tels que la torture, la tuerie, l'emprisonnement ou l'exil. Platon propose comme nous l'avons vu ci-haut la communauté des biens des enfants et des femmes pour l'aristocratie. En d'autres termes, pour Platon, la fin de la politique, c'est de rendre commun tout ce qui est individuel ou collectif. Donc, avec lui comme pour la plupart des philosophes ayant écrit sur la démocratie, l'objectif de la politique doit porter sur l'intérêt de la cité et de ses citoyens. C'est ainsi que lorsqu'Athènes était passée à la démocratie, nous avons bien remarqué que l'objectif politique avait bien changé. La fin ou le but de l'État n'était plus de penser à la seule personne du roi ou aux familles riches, mais à la cité et aux citoyens. La démocratie athénienne avait placé la cité et le citoyen au centre ou à la base de toute vie politique. Fixer l'intérêt du roi ou ceux des aristocrates, avait pris fin avec Clisthène et Périclès. À cet effet, il apparaît que la démocratie a pour fin ou but politiques l'intérêt de la cité et des citoyens ou l'intérêt général. La démocratie ne doit pas en réalité privilégier les intérêts particuliers, elle doit avoir pour objectif garantir l'intérêt de la cité, de la république ou du pays avec tous ses citoyens. Mais, que remarquons-nous aujourd'hui ?

J'ai déjà montré que la démocratie actuelle fonctionne non avec le socialisme, mais avec le capitalisme. Cette démocratie s'est écartée des données économiques de la démocratie athénienne, fixées par Clisthène et Périclès. Le principe du capitalisme fonctionne avec les intérêts particuliers, il met l'argent au centre de toute action humaine. Tout ce qu'on fait, on le fait pour le besoin ou la recherche de l'argent, des intérêts particuliers. Ainsi, influencée par ce système, la démocratie actuelle place l'argent et les intérêts particuliers au lieu de la cité et du citoyen. Au lieu de partir de la cité et de l'intérêt général pour l'argent, on va de l'argent pour la cité et l'intérêt général. Je m'explique, lorsqu'Athènes était sous la domination des rois et des bourgeois, ceux-ci pensaient d'abord à l'argent ou aux biens à avoir et ils regardaient la cité après. Celle-ci était vue comme un moyen pour atteindre leur but. C'est le même cas que nous avons lorsque nous analysons la vision des bourgeois dans leur vie économique. D'abord, l'argent, le royaume et l'État servent de moyens pour l'avoir. Or, quand on arrive à la démocratie, on place d'abord le pays et les moyens de son développement après. On ne dit pas d'abord : comment faire pour développer notre économie et après le pays, mais on dit d'abord comment faire pour développer notre État. Ce qui est le contraire pour le capitalisme. Ici, on dit d'abord comment faire pour développer l'économie et ensuite le pays. Ce sont deux façons différentes. Quand on commence par la cité ou le pays, on la ou le privilégie. En ce sens, on fait de l'économie le moyen d'atteindre ce qu'on veut d'elle ou de lui. C'est pour cette raison qu'ici l'État veille à protéger les citoyens contre l'exploitation des capitalistes. Il ne veut pas qu'ils soient de plus en plus appauvris au profit de l'argent et des intérêts particuliers. Or, lorsqu'on commence par l'économie, on fait du pays ou de la cité le moyen pour l'atteindre ou s'enrichir. C'est pour cette raison que dans les pays capitalistes, ce sont les citoyens qui doivent servir de moyen aux riches pour asseoir leurs richesses. Les bourgeois ou les capitalistes exploitent les citoyens, pillent les biens de l'État, ne respectent pas le droit, l'État les assiste. On fait semblant de mettre la loi en place, mais celle-ci ne frappe que les faibles, les pauvres. Il n'y a qu'à voir l'histoire de la plupart des pays démocratiques avec le capitalisme. Les capitalistes avec le FMI et la Banque mondiale reposent la politique sur l'argent et, les citoyens en payent le prix, ils en souffrent. Car, pour eux, il faut d'abord penser à l'émergence économique avant autre chose. D'où, devant un pays en difficultés financières, ces pays passent vite à l'austérité : diminution des salaires des travailleurs et des pensions des retraités, augmentations des impôts et des taxes douanières, suspension ou diminution des allocations familiales et de l'assistance maladie… Or, on peut étudier d'autres moyens tels que diminuer les instances politiques pour répondre à cela. Cependant, on cherche à faire souffrir les peuples.

On m'objectera que les hommes politiques travaillent avec l'intérêt national. Leur objectif, c'est penser la cité et les citoyens. Certes, cela se manifeste dans l'engagement qu'ils prennent devant les peuples et ce qu'ils disent en leur nom (au nom des peuples). Dans leurs discours, tous les hommes politiques parlent en termes de servir le peuple. Toutes les promesses qu'ils font vont dans ce sens-là. Mais, il y a l'engagement, le discours et la pratique. Lorsqu'on s'engage sur quelque chose comme lorsqu'on est dans le discours, on peut bien s'engager et dire de bonnes choses. On peut présenter des avantages pour ce qu'on veut faire, mais c'est la pratique qui permet de certifier ou de prouver l'engagement ou le discours. Il ne suffit pas de s'engager ou de dire, il s'agit de mettre en pratique l'engagement ou le discours. Comme disait un roi : « je dis ce que je fais et je fais ce que je dis ». Car, certains usent de la flatterie en trompant le peuple en lui parlant de garantir ses intérêts (les intérêts du peuple). Or, comme dit la Fontaine dans sa fable *Le corbeau et le renard* : « tout flatteur vit aux dépens de celui qui l'écoute », les peuples doivent être vigilants avec le discours des hommes politiques. Nombreux ne sont que flatteurs, comme le sont les amoureux au début de l'amour. Ainsi, lorsqu'ils parlent de l'intérêt national ou des citoyens comme objectif de faire la politique, ils récitent seulement par là, le principe de la gestion démocratique du pouvoir. En effet, ils savent très bien qu'en démocratie, il faut parler au nom de l'intérêt national et des citoyens pour avoir la confiance du peuple et le pouvoir. Ils sont dans l'obligation de s'engager et de parler ainsi, car la politique le leur oblige. S'ils étaient dans la monarchie, ils parleraient en leur nom. En réalité, ils font preuve de démagogie. Ils savent très bien qu'ils viennent travailler pour leurs propres intérêts, leur enrichissement. Ce qu'ils ont en premier dans leurs esprits, ce n'est pas le développement des pays, mais leurs propres intérêts. Ils font la politique dans le but de s'enrichir, car nombreux, font de la politique un moyen d'enrichissement. D'où le plus souvent, si un pauvre fait la politique, il finit par devenir riche. La plupart de ceux qui font la politique, s'ils sont passés à la commande, ils deviennent riches. Leurs enfants deviennent comme des princes. Ainsi, lorsqu'ils y sont, ils ne pensent qu'à comment faire pour s'enrichir et s'enraciner. Ils peuvent tisser des relations bizarres, entreprendre des politiques qui appauvrissent les peuples, détourner les fonds et les contrats publics pour leurs propres intérêts. Faire la politique aujourd'hui dans la plupart des pays démocratiques est considéré comme un moyen de s'enrichir. On fait la politique du ventre non de l'État. C'est pour cela que nombreux sont ceux qui ne veulent pas quitter le pouvoir et certains pays connaissent des guerres politiques. Ceux qui sont au pouvoir ne veulent pas laisser ce gâteau et ceux qui le désirent ne veulent pas aussi lâcher. D'où, il se manifeste des conflits. Les gens se battent pour faire la politique parce qu'ils y voient leurs intérêts. Ils les présentent comme ceux des peuples. On y rentre pauvre, et on en sort riche. Combien d'hommes politiques ne se sont-ils pas enrichis au nom de la politique !

Si dans leur engagement et dans leur discours, les hommes politiques en démocratie parlent de l'intérêt des peuples, dans la pratique, la plupart travaillent pour leurs propres intérêts. Ils transforment ses intérêts en intérêt national et au lieu de garantir l'intérêt des citoyens et de la cité, ils privilégient leurs propres intérêts dans la pratique. Ils agissent comme des monarques, des maîtres et des bourgeois qui ont coutume de travailler d'abord pour eux-mêmes. D'abord eux-mêmes, la cité et les citoyens après. Tout cela s'explique par le capitalisme, car, dans ce système partout où on est placé, on vise d'abord l'argent et ses propres intérêts. Avec ce système économique, toute action s'explique par l'intérêt et quel intérêt ? C'est l'intérêt individuel. Devant un tel système, l'homme politique ne peut pas faire autrement puisque chacun partout où il est, place l'argent en tête et comme on dit : les hommes ne sont que ce que la société fait d'eux ; les hommes politiques sont influencés par l'esprit de la société capitaliste. Dès qu'on a un poste, on crée des circuits fictifs pour se faire de l'argent. Pour comprendre que ce sont les intérêts individuels qui poussent les hommes politiques à faire la politique, on peut seulement tenter de faire de toute fonction politique une fonction gratuite, bénévole où la personne travaille seulement avec son salaire de la fonction publique ou ce qu'il gagne dans sa vie ou encore, on fait comme dans les familles on donne la chefferie à ceux qui ont des moyens pour soutenir la famille et donc le pays en recevant par après des indemnités, on verra que nombreux ne feront plus la politique. Si on retire les privilèges que les gens ont dans la politique, on verra que nombreux se retireront et nombreux ne s'y plairaient plus. Faire la politique est considéré comme une fonction noble. D'où, elle attire beaucoup de gens.

Ainsi, pour remédier à cela, il faut que la démocratie moderne revienne sur les bases de la démocratie athénienne et celle du « mbongui ». Celles-ci mettaient avant tout, la cité et les citoyens en avant. Elle mettait la cité et les citoyens au fond de toute action politique ; d'abord l'homme et la richesse après. Si l'on peut parler en termes de slogan, on peut dire que le leur était : *la cité et les citoyens avant tout ou l'homme avant tout*. C'est cet esprit qui se manifeste chez Alexis TSIPRAS et son parti :

la Grèce et les Grecs avant tout. Cette vision était presque la vision antique de la plupart des premières sociétés, car, nous le retrouvons aujourd'hui chez les peuples primitifs. Quand je regarde les documentaires montés pour ces peuples tels que les pygmées, il apparaît qu'ils ont plus le souci de l'individu que d'autre chose. D'où, nous les voyons lutter lorsque l'un d'eux est en difficulté. Ils peuvent se priver de manger en cherchant à sauver celui qui est en difficulté ; ce que l'homme soi-disant évolué a perdu avec le capitalisme. Il faut faire que là où on pense protéger l'argent et l'intérêt des particuliers qu'on protège plutôt les intérêts de la cité et ceux des citoyens. La plupart des maux d'aujourd'hui sont plus liés à la recherche d'argent qu'il est nécessaire de détourner la vision ou l'objectif politique de l'économie vers la cité et les citoyens comme le font les ONG. Il faut vraiment bien saisir, appliquer et respecter strictement ou normalement la formule du despotisme éclairé qui stipule : « *tout pour le peuple, rien que pour le peuple* ». Car, cette formule nous dit : non seulement que le pouvoir repose sur le peuple, mais aussi, toute fin politique doit avoir comme orientation le peuple. L'homme politique doit orienter sa vision politique sur le bien-être de ses sujets ou des citoyens. Même si les philosophes comme Voltaire qui l'ont développée, étaient contre la démocratie, mais, ils proposaient aux rois ou aux monarques d'orienter leur politique sur le bien-être de leurs sujets au détriment des intérêts des aristocrates ou des familles riches et de l'Église catholique. D'où, proposaient-ils la centralisation du pouvoir entre les mains du roi au lieu de la décentralisation qui laissait une certaine autonomie aux communes ou aux départements sur certaines questions telles que la gestion agraire et le prélèvement des impôts. Or, quand on fait de l'argent le fondement et la fin de toute action politique, tout se définit en fonction des exigences de l'obtention de l'argent. L'argent dicte tout en ce moment-là. Il faut que cesse le système qui apparaît actuellement où, c'est l'économie qui dicte la politique au lieu que la politique dicte et commande l'économie. Mais au contraire, dans les pays démocratiques capitalistes, c'est l'économie qui impose tout à la politique. Il faut donc ramener les nations et les citoyens au fond et aux buts de l'État qui consiste à penser d'abord aux citoyens qu'à autre chose. La démocratie s'est trop perdue dans l'argent qu'elle n'a plus son sens normal et qu'il est impérieux de la remettre sur ses rails. Aujourd'hui, l'argent apparaît comme un nouveau Dieu qui définit et qui oriente tout. Les hommes se sont en quelque sorte créé un nouveau Dieu qui leur impose tout comme les croyants pensent que tout vient de Dieu et il est le maître du monde. De nos jours, l'argent est comme le veau d'or des israélites sur le chemin de Canaan.

2- De l'abolition des partis politiques

Cette idée, je l'ai déjà développée en long et en large dans : *Pour une démocratie sans partis politiques*. En effet, dans cette œuvre, je me suis engagé à montrer les maux qu'entraînent les partis politiques en démocratie. À la suite de ces maux, j'ai proposé comme solution pour retrouver les vraies traces ou le vrai sens de la démocratie, l'abolition des partis politiques pour avoir un pouvoir de plus en plus libéral comme la démocratie de l'antiquité athénienne. Ici, je ne reviendrais plus sur les méfaits des partis politiques dans ce régime, mais je vais établir le lien entre les partis politiques et le maintien du capitalisme en démocratie.

En effet, j'ai montré qu'il y a une différence de gestion économique entre la démocratie athénienne et la démocratie moderne. Les données historiques nous montrent bien qu'au passage de la démocratie, Athènes avait changé non pas seulement le régime politique, mais aussi le système économique. De la gestion reposant sur la propriété privée que nous pouvons appeler le capitalisme, on était passé à la gestion centralisée donc, socialiste ou totalitaire des choses. Or, pendant ce passage, Athènes avait mis fin au système de gestion partiale de l'État ou de la cité. On ne parlait plus au nom des intérêts particuliers, mais, au nom d'Athènes et de ses citoyens. Toute la gestion de la cité était donc concentrée dans ce sens. Ici, il n'y avait pas de parti, qu'il soit unique ou multiple. L'absence des partis en ce moment avait mis fin au privilège, au monopole, au favoritisme. Tous étaient pris à un pied d'égalité. Cependant, la démocratie moderne fonctionne avec les partis politiques. Or, qui dit parti, dit déjà privilège, monopole et favoritisme. Dans les régimes des partis politiques, on ne travaille qu'avec ceux dont on est d'une même obédience politique. Les membres des partis, selon leurs partis, reçoivent des privilèges, le monopole et des faveurs. De même, dans le système des partis politiques, les partis ont devant eux trois types d'intérêts : l'intérêt du parti, l'intérêt de chaque membre et celui du pays ou de l'État. Dans l'apparence, les partis nous parlent de l'intérêt national comme but ou objectif de faire la politique. Cependant, lorsqu'on regarde la pratique, chaque parti fait la politique pour asseoir son idéologie donc, pour assurer ses propres intérêts et garantir ceux de ses membres. Dès qu'un parti arrive au pouvoir, ce qui le préoccupe, c'est placer ses membres dans les postes importants de l'État. Si vous ne militez pas dans ce parti, malgré votre qualification, il est difficile que vous soyez utilisé. La présence des partis politiques accentue en soi la gestion de l'intérêt individuel et partial. Le membre du parti privilégie l'intérêt de son parti et les siens. Celui de l'État ou de l'ensemble du pays vient après. Il n'y a qu'à analyser le comportement des partis politiques pour le comprendre. C'est dans ce sens qu'ils exposent les États dans des guerres et des crises de tout genre. Or, là où il y a des privilèges, le monopole, les faveurs, l'intérêt partial et individuel comme objectif politique, il y a le capitalisme. En d'autres termes, c'est dans le système capitaliste où la politique fonctionne avec des privilèges, des faveurs, le monopole et les intérêts particuliers. La démocratie et le socialisme par essence nous éloignent de ces caractères. Ainsi, comme on dit dans la médecine pour guérir une maladie, il faut commencer par éliminer l'agent vecteur ; pour éradiquer le capitalisme de la démocratie, il faut abolir les partis politiques en démocratie pour que cessent les privilèges, les faveurs, le monopole et la gestion reposant sur les intérêts particuliers. Quand on fonctionne avec les partis, ceux-ci privilégient leurs membres, ils leur font des faveurs et leur donnent le monopole sur certaines fonctions de l'État. Ces partis travaillent d'abord pour assurer leurs intérêts et ceux de leurs membres. Ce qui est contraire aux vœux et aux valeurs primaires de la démocratie basés sur l'égalité des citoyens. Il faut reconnaître qu'avec les partis politiques, les citoyens n'ont pas les mêmes faveurs, les mêmes privilèges et le même monopole comme l'exige réellement la démocratie. Ceux-ci sont garantis par l'appartenance au parti. Pour bénéficier des privilèges, des faveurs ou du monopole de certaines fonctions, il faut être du parti. Par exemple, lorsqu'on n'est pas du parti au pouvoir, on n'a pas le privilège, la faveur ou le monopole d'être ministre, ambassadeur malgré vos capacités. Ce privilège, cette faveur ou ce monopole revient au membre du parti ou à ceux qui y sont affiliés. En ce sens, on néglige les compétences pouvant servir l'État au profit parfois des incompétents. Or, cette exclusion était condamnée et critiquée par les Grecs qui voulaient qu'il n'y eût aucun principe qui devrait exclure tout citoyen d'un pouvoir donné. Tout le monde devrait avoir les mêmes avantages donc, les mêmes privilèges, les mêmes faveurs et le même monopole pour les fonctions de l'État. Ce qui n'est pas le cas avec la démocratie des partis politiques. Les privilèges, les faveurs, le monopole et l'exclusion dans cette démocratie s'expliquent par la présence des partis. Cela manifeste que ces caractères font partie de l'ADN de la démocratie des partis politiques car, il apparaît qu'il n'y a pas de parti sans privilège, sans faveur, sans monopole ou sans exclusion. Ce qui ne reflète en rien la vraie démocratie qui par nature est contre ces caractères. Donc, la présence des partis politiques en démocratie entraîne ce régime dans des pratiques antidémocratiques. Ainsi, étant donné que les partis politiques maintiennent la démocratie dans des pratiques non démocratiques, il est mieux de les abolir en démocratie pour agir avec des institutions libres et qui assureraient réellement l'égalité entre tous les citoyens au lieu de vivre l'exclusion dans certaines fonctions de l'État.

Certains objecteront certainement : comment se fera en ce sens l'affrontement des idées dans une telle démocratie. Je sais très bien que la démocratie actuelle ou des partis politiques repose sur l'affrontement des idées selon les partis. Comme en démocratie, on a besoin de confronter les idées pour avoir ce qui doit être retenu et appliqué pour la cité, la démocratie des partis politiques confie cette pratique aux partis politiques. Ce sont donc, selon cette démocratie, les partis politiques qui se servent de l'affrontement des idées dans une démocratie. Je suis tout à fait conscient que la démocratie repose sur l'affrontement des idées. Cependant, il y a une grande différence de cet affrontement entre la démocratie athénienne et celle du « MBONGUI » d'avec celle d'aujourd'hui. Dans l'ancienne démocratie, l'affrontement des idées se faisait de façon libre. Chaque citoyen ou chaque participant à l'assemblée partait avec une idée personnelle (car l'ordre du jour était dit en avance) ou après un entretien avec ceux qui ne seraient pas là, avec l'idée du groupe qu'il aurait contacté. On ne partait pas avec les idéologies des partis. Au nom de l'isonomie et de l'iségorie, chacun avait une pensée libre. Ici, on peut accepter qu'il y ait l'affrontement véritable des idées. Cette pratique peut être vérifiée dans les dialogues de Platon. Ce philosophe nous montre bien que pour un problème donné, chaque adversaire venait avec son idée et à la suite de l'affrontement découlait une vérité. Par exemple dans le *Menon*, sur la vertu, Menon arrive avec une idée selon laquelle, la vertu appartient seulement à ceux qui sont appelés à commander. Mais, à la suite de l'affrontement des idées avec Socrate, il était sorti avec l'idée que la vertu appartient à tous ou tout le monde est vertueux selon son art. On peut aussi retrouver cette liberté dans les pratiques de l'Agora dans la cité grecque antique d'Athènes. De même, quand on regarde comment se passait l'ostracisme, on se rend compte que les Athéniens étaient très libres dans leurs choix, car, pour décider de la personne à envoyer en exil, chacun était libre de proposer le nom de la personne qu'il voulait. Personne ou aucun groupe ne donnait des orientations aux autres. Cependant, dans la démocratie des partis politiques, les citoyens sont endoctrinés, ils sont idéologisés et orientés. Pendant les débats, ils font valoir leurs doctrines ou leurs idéologies au lieu d'émettre des pensées libres qui manifesteraient un véritable affrontement d'idées et qui accoucherait quelque chose de bien pour la nation et les peuples. Dans cette démocratie, l'affrontement des idées n'existe pas réellement. On assiste plutôt à un affrontement d'idéologies entre les capitalistes et les socialistes. C'est ainsi que ceux qui n'arrivent pas à se situer entre ces deux idéologies se disent du centre et sont chevauchés dans certains pays comme l'ont été les représentants de La Plaine à la Convention. Ils sont comme des spectateurs de l'éléphant et de l'hippopotame qui se tirent la ficelle sans savoir ce qu'ils peuvent faire. Alors que dans les régimes bipartites comme aux USA et en France, cet affrontement (affrontement entre les capitalistes et les socialistes) se manifeste bien. Ici, on assiste plus à un affrontement des idéologies qu'à un affrontement d'idées. Car, chacun ne défend que sa doctrine ou son idéologie. Il faut parler selon la ligne du parti. On est obligé de la suivre chaque fois qu'on prend la parole. Dans ces conditions, je ne vois pas où est l'affrontement d'idées si ce n'est celui des idéologies des partis. C'est pourquoi je répète qu'il faut purement et simplement abolir les partis politiques pour redonner à la démocratie sa force vitale et son sens normal. Cet affrontement des idéologies des partis dans les États se manifeste aussi au niveau international. Ici, au lieu qu'on ait un affrontement d'idées libres des représentants des peuples à l'assemblée des Nations Unies et à son conseil de sécurité, on assiste plutôt à une confrontation d'idéologies entre les capitalistes et les socialistes. Les pays socialistes savent en avance ce qu'ils doivent aller défendre de même pour les pays capitalistes lorsqu'il y a une question à traiter. D'où, je dis qu'il n'y aurait pas réellement ce qu'on attend de l'ONU : la paix, si on n'arrive pas à mettre fin à ce système. Les idéologies capitaliste et socialiste qui influencent les pays de manière opposée se manifestent comme les partis politiques dans les États et donc, au même moment que les États lutteront pour la fin des partis, il faut que les peuples du monde cherchent à lutter pour la fin des idéologies capitaliste, socialiste. Si on était réellement libre devant l'homme politique, on expliquerait d'abord aux peuples du monde les deux systèmes : le capitalisme et le socialisme et après on pouvait les consulter par un vote universel pour quel système économique devrait-on appliquer pour la gestion du monde. Car, tel que les choses existent actuellement nous vivons plus la dictature des gouvernements que le choix libre des peuples. Aucun peuple n'a choisi jusque-là le système de gestion économique de son pays. Tout relève seulement des gouvernements et de l'influence historique dans chaque camp, c'est la même chose au niveau international. Dans les deux cas, on est plus dans la démocratie dictée, imposée que libérale. Celle-ci ne pourra avoir lieu que si on laisse aux peuples le choix normal de la base politique et économique et les hommes politiques ne seront là que comme des exécutants. Or, la pratique actuelle met plus les gouvernements à la place des peuples. Ce sont les gouvernements qui décident, dictent et imposent leurs volontés aux peuples. Il y a lieu que ceux qui peuvent avoir le courage dans tous les pays qu'ils parlent aux peuples dans les deux sens : au sens international et national. Il faut braver les dictateurs qui ruinent la démocratie tant sur le plan international que national. Partout où les gouvernements se retrouvent, il n'y a qu'eux qui décident. Les peuples subissent leur décision. Je me rappelle une phrase d'un ministre français dont je tais le nom : « on ne gouverne pas sous la pression de la rue ». De telles phrases montrent bien la dictature, car, la rue représente quoi ou qui, si ce n'est le peuple. Et, un démocrate doit réellement gouverner selon les aspirations populaires en tenant compte chaque fois des revendications de son peuple. C'est donc en principe à la rue de dicter la politique au gouvernement, non au gouvernement d'imposer son pouvoir ou sa politique au peuple. Ainsi, je peux prendre comme exemple pour modèle d'un démocrate véritable Alexis TSIPRAS. Ayant buté devant les créanciers de la Grèce, il est revenu consulter le peuple. Et devant la difficulté persistante, il a mis son titre à l'épreuve en repartant consulter le peuple. Il n'a pas cherché à forcer les choses ou à imposer sa volonté au peuple, mais il a voulu donner la place au peuple. C'est à lui de décider de l'avenir du pays au lieu qu'il le lui soit imposé. Voilà l'esprit d'un vrai démocrate. Il fait participer le peuple quand ça ne marche pas.

3- La fin de la politique : diviser pour régner

Le principe diviser pour régner est l'une des stratégies que l'on retrouve dans le *Prince* de Machiavel pour la conservation du pouvoir par un prince. Il consiste pour un prince de diviser ceux qui l'auraient fait accéder au pouvoir dans l'objectif d'apporter la confusion entre eux et de se maintenir au pouvoir. En effet, dans le *Prince*, Machiavel s'était donné comme objectif ou comme mission : comment conquérir le pouvoir et comment le conserver. Il voulait y définir les principes d'accès au pouvoir et ceux de sa conservation. Ainsi, pour y répondre, il s'était mis à examiner les différents systèmes politiques existant depuis l'Antiquité jusqu'à son temps. Ainsi, examinant le mode d'accès au pouvoir dans les principautés civiles, il montre que dans ce genre de principauté, le prince arrive au pouvoir par deux forces : les grands ou le peuple. On y accède au pouvoir soit par la faveur des grands soit par la faveur du peuple comme il l'exprime en ces termes : « Venons à présent à l'autre manière de parvenir à l'autorité suprême. J'ai déjà dit que c'est lorsqu'un bourgeois d'une République en devient Prince par la faveur de ses concitoyens, et sans employer la violence ni les crimes : cela peut s'appeler Principauté civile. Pour y parvenir, il n'est pas nécessaire d'être conduit par la seule vertu ou par la seule Fortune, mais il est besoin de mettre en usage une heureuse finesse. On s'élève à ce grade par la faveur des grands ou par celle du peuple ; car toute République est remplie de ces deux sortes d'humeurs opposées ; ce qui vient de ce que le peuple ne veut pas être commandé ni opprimé par les grands, et de ce que les grands veulent commander et opprimer le peuple. »[55]. Ainsi, pour Machiavel, si un prince accède à la principauté par les grands, il doit pour conserver son pouvoir, procéder par les diviser. Car parmi les grands, il y a ceux qui s'attachent au pouvoir du prince et ceux qui ne s'y attachent pas. Et, parmi ceux qui ne s'y attachent pas, il y a aussi deux types : ceux qui sont timides qui ne veulent pas du pouvoir et ceux qui sont avides du pouvoir et guidés par leurs propres intérêts. Ces derniers doivent être considérés comme des ennemis. A cet effet, selon Machiavel il faut diviser les grands pour choyer ceux qui s'attachent au prince et ceux qui sont timides, et considérer les assoiffés du pouvoir comme des ennemis déclarés. Tel qu'il le manifeste dans ce texte : « Ce qui oblige encore un prince à ménager le peuple, c'est qu'il doit vivre toujours avec le même peuple, tandis qu'il peut se passer des mêmes grands qu'il peut faire et défaire, ruiner et accréditer autant qu'il lui plaira. Mais pour faire mieux comprendre cette maxime, je dis qu'il faut diviser les grands en deux espèces : ceux qui s'attacheront entièrement à votre Fortune, et ceux qui n'en voudront point dépendre. Pour les premiers, vous devez les honorer et les chérir, pourvu qu'ils ne soient pas trop avides ni intéressés. La seconde classe doit être encore subdivisée en deux. Les premiers sont ceux qui ne s'attachent point à vous parce qu'ils sont timides et peu entreprenants : il faut vous servir de ceux-là, particulièrement s'ils sont capables de donner de bons conseils, car ils vous feront honneur dans la prospérité, et dans les troubles vous n'aurez rien à craindre de leur part. Mais les seconds, ceux qui s'éloignent de vous par un

---

[55] Nicolas Machiavel, *Le Prince*, éd. GGP, Pössneck, 2008, p.47

dessein formé et par un principe d'ambition, vous devez les regarder comme des ennemis déclarés, étant certains qu'ils pensent bien plus à leurs intérêts qu'aux vôtres, et qu'ils profitent de l'occasion pour ruiner vos affaires »[56]. L'examen de ce principe montre bien que Machiavel ne parle pas de diviser le peuple pour régner, mais il s'agit de le faire aux grands lorsque c'est ces derniers qui vous ont permis d'accéder au pouvoir. Pour le peuple, il pense au contraire, il faut mériter sa confiance et donc son unité pour garder le pouvoir. Comme je l'ai déjà montré dans *Pour une démocratie sans partis politiques*, Machiavel ne dit jamais qu'un prince doit opprimer son peuple, le martyriser quand il est au pouvoir. Il doit plutôt chercher à avoir sa confiance et se faire aimer par lui. Le texte suivant le montre bien : « Il faut donc convenir que dès qu'on est élevé sur le trône par la faveur du peuple, il est absolument nécessaire de s'en faire aimer, ce qui est extrêmement aisé, car il n'existe rien de n'être pas opprimé. Mais si l'on devient prince par la faveur des grands, malgré le peuple, il faut d'abord gagner son amitié ; et pour en venir à bout, il n'y a qu'à le prendre sous votre protection : car, de même qu'on est plus sensiblement touché des bienfaits d'un homme dont on a cru ne devoir attendre que de mauvais traitements, de même, le peuple que vous aurez malgré lui, et que vous protégez ensuite, s'attacherait plus fortement à vous que s'il vous avait élevé lui-même à la souveraine puissance… : il faut qu'un prince se fasse aimer de son peuple, autrement il n'aurait point de remède dans l'adversité. »[57]. Si donc, Machiavel manifeste la division entre les grands, les autorités politiques de la démocratie actuelle usent de ce principe pour se maintenir au pouvoir

---

[56] Nicolas Machiavel, *Le Prince*, éd. GGP, Pössneck, 2008, p.48-49
[57]Nicolas Machiavel, *Le Prince*, éd. GGP, Pössneck, 2008, p. 49

ou en le faisant pour leurs partis en divisant non les grands comme le pense Machiavel, mais les peuples. Ces autorités travaillent plus dans le but de garder les peuples divisés au lieu de les avoir ou de les voir unis. Pour le faire, il procède par faire croire à une partie du peuple la dangerosité d'une autre partie. On oppose les peuples contre eux-mêmes. En effet, lorsqu'on regarde la démocratie actuelle (la démocratie des partis politiques), elle repose sur des doctrines qui sont de leurs côtés influencées par les ethnies ou les croyances. Ainsi, les partis politiques sont fondés pour la plupart par des ethnies ou des croyances. Je ne veux pas m'étendre sur cette question, car, je l'ai déjà traitée dans *Pour une démocratie sans partis politiques*. Ici, je veux faire comprendre que la base de la division que les autorités causent aux peuples dans la démocratie actuelle, c'est les ethnies et les croyances. Les autorités non seulement créent leurs partis en se fondant sur les ethnies ou les croyances, mais elles se servent aussi d'elles pour diviser les peuples. Elles font croire de part et d'autre aux ethnies ou à leurs adeptes que si les autres accédaient au pouvoir : c'est la violence, la maltraitance, la souffrance en soi. Il faut coûte que coûte lutter pour qu'ils n'y accèdent pas. On présente les autres ethnies ou les autres croyances comme des ennemis, des gens qu'il faut prendre avec méfiance et considérer avec mégarde. Cet esprit se manifeste dans plusieurs pays en Afrique comme en Asie et en Europe. On cherche à maintenir les ethnies dans leurs contradictions issues des royaumes, des principautés. Alors qu'en démocratie, il faut faire tomber toutes les barrières ethniques et religieuses pour l'unité citoyenne. Dans les démocraties bipartites, tel qu'en France, cette méfiance et cette division, les autorités les manifestent contre les nouveaux partis. On pense et on fait croire au peuple que ces partis ont des idéologies dangereuses pour la société. Or, il ne revient pas à un parti politique de juger l'action d'un autre parti, il revient au peuple de le faire. Mais dans ces démocraties, ce sont les partis politiques qui le font et le font croire au peuple afin de les diviser avec les partis jugés dangereux. Cette pratique ne profite pas aux peuples, elle profite plutôt aux hommes et aux partis politiques surtout ceux qui sont au pouvoir. Dans certains pays, on l'a compris, d'où les jeunes partis politiques commencent à dominer dans ces pays et cela inquiète les dirigeants des partis dits traditionnels en Europe. A mon avis, les nouveaux partis tels qu'en Grèce, en Espagne et le FN en France ne doivent pas lâcher ; l'avenir du monde est entre leurs mains.

Mon objectif ici est de faire prendre conscience aux peuples en démocratie de ce genre de pratique qui ruine l'unité nationale, la concordance, la quiétude et la paix. En démocratie, les peuples ont besoin d'être unis. Il n'est pas possible que l'on raisonne encore au nom des partis, des hommes, des croyances ou des ethnies ; on regarde au contraire l'intérêt national. Il ne peut plus y avoir des idées comme nous sommes Mbochis, Laris, Tékés, Bémbés, Bretons, Gaulois, turcs, kurdes… Lorsqu'on forme une nation, que ce soit par le regroupement linguistique, que ce soit par le regroupement des croyances, des ethnies ou historique dès qu'on arrive en démocratie, tout doit tomber. Il faut qu'on ait un même regard sur la gestion de la cité. D'ailleurs, la notion de liberté nous amène à reconnaître en chacun, la liberté de croyance, de penser et de vivre la vie telle qu'il le veut. Cependant, la gestion politique notamment sur l'avenir de la cité ou de la nation doit nous conduire à l'unité, c'est-à-dire à être unis comme un fagot de bois pour décider de ce qui regarde la gestion politique pour ne pas tomber dans un conflit. Tels ont été les Athéniens dans l'accession à la démocratie, les Français pendant la Révolution française, les Américains dans la guerre de l'Indépendance. Revenir sur les bases ethniques ou des croyances en démocratie ne peut nous augurer des lendemains meilleurs, cela ne peut nous exposer qu'à des pratiques non démocratiques comme la division des peuples et aux conflits. Il suffit de regarder seulement l'histoire de la France pour comprendre la force de l'unité d'un peuple et les méfaits de sa division. Comme je l'ai déjà dit, les Français étaient unis pendant la révolution de 1789. Entre la Constituante et le Directoire, par l'égoïsme des hommes politiques les partis politiques apparaissent et le peuple semblait être divisé. La suite était que le pays était jonché de conflits. Quand Napoléon Bonaparte fit son coup d'État, il avait ramené le pays à l'unité, ce dernier n'avait pas connu de conflit interne durant son pouvoir et malgré sa déchéance en 1814, le peuple avait gardé son unité et donc sa force ce qui lui avait permis de résister contre Charles X en 1830 et Louis Philippe en 1848. De même, la vision nord-sud avait fini par conduire les USA dans la guerre de Sécession en 1861 après son indépendance. Quand un peuple est uni, il constitue une force. Les hommes politiques comprennent cela d'où les vicieux, les gueux cherchent en premier en démocratie à détruire l'unité des peuples afin que cette division leur permette de gouverner sans problème. Car, si l'on veut paralyser un système, il suffit d'en détacher une pièce et vous verrez le système ne plus fonctionner normalement. Ce que les peuples doivent savoir, c'est qu'en réalité ce qui les oppose ne vient pas le plus souvent d'eux-mêmes. Je veux dire, ce qui conduit les peuples aux conflits ne résulte pas souvent d'une contradiction réelle, essentielle entre eux. C'est l'instigation des hommes politiques assoiffés du pouvoir qui les conduit de nos jours à cela. Pour le saisir, il suffit de se poser la question qu'est-ce qui nous entraîne à la guerre ou au conflit entre nous que ça soit sur l'échelle internationale que sur l'échelle nationale.

À l'échelle internationale, ce sont les défenseurs des idéologies qui nous entraînent aux guerres. Les première et deuxième guerres mondiales ont été des guerres idéologiques. Et actuellement, dans la plupart des pays démocratiques, les guerres comme les conflits que nous avons sont plus politiques. Les ethnies, les croyances s'opposent beaucoup plus sur la gestion de l'État et les animateurs de ces guerres ou de ces conflits sont les hommes politiques. Par exemple, le conflit centrafricain ne résulte pas d'une opposition directe des musulmans et des chrétiens. C'est la classe politique qui s'est opposée et de part et d'autre, on a instigué les jeunes à la violence interreligieuse. Et maintenant, cette guerre apparaît comme la guerre des religions. Alors que par sa cause, c'est une guerre politique. Comme je l'ai déjà dit ci-haut les Russes ont quel problème pour s'opposer aux Américains, les Ukrainiens ont quel problème pour s'opposer aux Russes. De même les Turcs ont quel problème pour s'opposer aux Kurdes comme les Mbochis ont quel problème pour s'opposer aux Laris, aux Tékés et aux Bémbés. Les peuples doivent comprendre que si dans les temps passés les gens avaient des conflits entre royaumes ou dans un même royaume, ce qui les opposait c'était plus le problème de la terre, c'est-à-dire, l'occupation de la terre. Les gens ayant des cultures différentes ne voulaient pas occuper les mêmes terres et vivre ensemble, ils se repoussaient. C'est le cas du conflit entre Israël et la Palestine. De même, ceux d'une même culture pouvaient s'opposer sur l'occupation de la terre quand celle-ci revenait à une minorité ou à une partie du peuple. Ce problème est appelé dans l'histoire : le problème agraire. C'est lui qui avait longtemps opposé plusieurs peuples. Or, aujourd'hui, ce problème tend à disparaître de plus en plus, il nous reste à combattre les idéologies, les croyances, les partis politiques, les hommes politiques véreux et les terroristes de tout genre. Dans ma culture, il y a un adage qui dit : « u ba una wé na meso » (« on trompe souvent celui qui a des yeux »). Cet adage interpelle la personne pour qu'elle soit vigilante lorsqu'on traite une affaire. Alors, je veux vraiment interpeler les peuples d'être vigilants devant les hommes politiques, car, ils sont nombreux ceux-là qui viennent pour leurs propres intérêts en parlant des intérêts nationaux. Leur arme la plus sophistiquée est la division des peuples. Alors, peuples faites attention aux hommes politiques qui vous parlent en démocratie avec les expressions : attention à telle ethnie, aux croyants de telle obédience, aux gens du Sud, du Nord, de l'Est, de l'Ouest. Ce sont des fossoyeurs de la cité. Les gens qui ne viennent que pour la diviser et la détruire. Parlant du retour de Jésus-Christ dans la Bible, il est dit qu'il y aura de faux Christs, des gens qui vous diront qu'il est là-bas le Christ. La Bible dit : ne les écoutez pas, ce sont de faux témoins. Car personne ne connaît ni le jour ni l'heure à laquelle ces choses arriveront. Dans le monde ou dans la vie, ceux qui apparaissent en faux sont très nombreux dans plusieurs domaines. Nous avons de faux prophètes, de faux maris, de faux enseignants, de faux commerçants, etc. Il y a donc en politique de fausses autorités et donc en démocratie de faux démocrates. Nombreux en démocratie parlent en démocrates, mais dans la pratique, ils ne le sont pas. La démocratie exige de l'homme politique l'honnêteté, l'intégrité, la sobriété, la droiture, l'humilité, la sérénité, la tempérance, la sincérité, la loyauté, la justice, la justesse, l'esprit de rassembler au détriment de l'avarice, de la cupidité, de l'intempérance, de la ruse, de l'orgueil, de l'injustice, de la déloyauté et de l'esprit de division. Les peuples doivent donc faire attention aux autorités qu'ils choisissent en démocratie, il y a celles qui ne sont que de faux démocrates. J'ai déjà mentionné dans *Pour une démocratie sans partis politiques* les critères du choix d'un homme politique en démocratie, je ne veux plus y revenir ici. Mais, je veux attirer l'attention aux peuples sur le choix qu'ils portent aux hommes politiques en démocratie. Si nous ne voulons pas avoir des conflits après un vote, il faut savoir faire le choix des autorités non selon ce qu'ils nous disent, mais selon ce qu'ils sont et manifestent déjà dans leurs vies. Un tyran par exemple ne devient pas seulement tyran en politique. Celui qui le devient dans ce domaine l'est d'abord dans sa vie soit dans sa famille, soit dans ses rapports avec les autres. Car, dans la jeunesse, on soupçonne souvent ce que quelqu'un peut être dans sa vie adulte. Donc, il est possible de comprendre ce qu'une autorité peut être ou devenir en démocratie.

4- De l'imprégnation des peuples dans la chose publique

Nous avons déjà vu que par nature la démocratie est le pouvoir du peuple par le peuple et pour le peuple. Contrairement à certains pouvoirs comme la monarchie, la tyrannie et l'aristocratie qui éloignent les peuples de la gestion politique, la démocratie implique la participation du peuple au pouvoir. C'est un pouvoir du peuple, c'est-à-dire, c'est un pouvoir qui appartient au peuple. Donc, il revient au peuple de diriger, de commander ou de prendre le pouvoir en main. Ce pouvoir ne peut appartenir ou revenir à une personne ou à un petit nombre de gens, mais il revient à tout le peuple. C'est, certainement par cette conception qu'à Athènes à l'Antiquité, c'est tout le peuple qui formait l'ecclésia (l'assemblée) et tout citoyen sans exclusion pouvait être choisi à n'importe quelle fonction de la cité. De même, Rousseau parle de la souveraineté du peuple. Personne ne pouvait usurper le pouvoir du peuple. Tout le monde avait les mêmes droits au même moment. L'absence des partis ne faisait pas que ceux qui pouvaient s'opposer attendent leur tour au pouvoir pour appliquer les idées qu'ils avaient. Tout le monde était engagé au même moment, personne n'était laissé pour compte et attendre son temps. Certainement, c'est aussi par cette même raison que soucieux de l'austérité que l'Europe fait subir aux Grecs, Alexis TSIPRAS a oublié les partis en organisant un referendum pour que les Grecs se prononcent eux-mêmes au lieu de leur imposer un système. À le voir, il veut nous ramener au système de Clisthène et Périclès qui reposait sur le souci du peuple non des individus particuliers. Si ce problème se posait en Suisse, on assisterait à la même chose, car, la démocratie suisse fait beaucoup de place au peuple par rapport aux autres États.

Mais, la démocratie actuelle par la présence des partis nous place devant un pouvoir de parti. Ce ne sont pas tous les citoyens qui bénéficient des mêmes avantages au même moment dans la distribution des fonctions publiques, les propositions des lois ou des décisions de la chose publique ; seuls, ceux qui sont aux partis au pouvoir en bénéficient souvent. Par exemple, lorsqu'on veut prendre une loi, la démocratie veut qu'on regarde l'avantage qu'elle peut avoir pour la république ou les citoyens. Cependant, avec la démocratie des partis politiques, pour que la loi passe facilement, il faut qu'elle soit proposée par le parti majoritaire, sinon, c'est difficile. Cela montre déjà que par ce fait, la démocratie n'est plus en ce sens un pouvoir du peuple, mais elle est un pouvoir des partis. Ce sont les partis qui font la loi et qui dominent sur la vie politique à la place du peuple. D'où nous constatons qu'aujourd'hui, que les hommes politiques peuvent se passer du peuple pour décider de certains faits politiques qui dans la norme nécessitent l'implication du peuple en écoutant plus le parti. L'avis d'un parti, surtout quand il est au pouvoir, passe pour l'avis du peuple alors que parfois ce dernier n'est pas pour cet avis. On étouffe de plus en plus la volonté populaire au profit des partis. Les peuples ne sont plus écoutés et ne constituent plus la base de toute consultation politique pour un fait politique qui divise la classe politique. On se confie aux partis. Par exemple, quand on veut prendre une loi abrogeant une autre, si celle-ci est consignée dans la constitution, pour l'abroger, on ne peut pas s'arrêter à la seule consultation de l'assemblée ; il faut consulter le peuple et la classe politique n'a rien à voir là dessus. La constitution est votée au suffrage universel. Donc, c'est un document du peuple qui ne peut être modifié sans lui. L'assemblée représente bel et bien le peuple, mais il y a des questions qu'elle ne peut pas trancher sans l'avis du peuple. De même, engager l'État dans une guerre si ce n'est pour la défense nationale, devrait faire l'objet d'une consultation populaire. Cela ne devrait pas seulement relever du pouvoir des représentants. Ce sont les militaires des peuples et leur argent qui sont engagés. Cela ferait même que certains peuples puissent accepter défendre ceux qui sont en difficulté au lieu de les laisser souffrir par les caprices des hommes politiques et, ils peuvent aussi refuser une guerre ou à sa participation qu'ils ne trouvent pas opportune. Or, aujourd'hui, nous remarquons que, la plupart des hommes politiques prennent des lois qui regardent la vie de la nation en démocratie sans consulter le peuple. L'exemple de L'Irlande est à féliciter. Le pays voulait changer la loi sur l'homosexualité, il ne s'est pas arrêté à consulter le parlement, ou à une simple ordonnance présidentielle, étant donné que ce changement intéressait le peuple, il a fallu qu'il se prononce lui-même. Aussi, je me suis rendu à l'évidence que par rapport à ce qui apparaît aujourd'hui en Irak et qui serait issu de la guerre de Georges Bush et Tony Blaire, selon l'opinion actuelle des Américains qui présentent pour la plupart cette guerre comme la guerre de Bush, si on avait procédé par consulter les peuples aux

USA et au Royaume-Uni, j'espère que l'Irak ne connaîtrait pas cette guerre qui a aujourd'hui des conséquences incalculables. Car, à l'époque plusieurs voix que ce soit au niveau des assemblées que ce soit au niveau des peuples de ces deux pays se levaient contre cette guerre. Mais, le pouvoir que les élus ont plus lorsqu'ils sont au pouvoir sur les peuples nous a conduits à ce chaos actuel. Aujourd'hui, l'Irak est en train de se détruire et Bush et Tony Blaire qui étaient à l'origine de cela ne savent plus que faire, ce sont les Irakiens qui souffrent de leur autocratie.

La délégation du pouvoir du peuple aux représentants fait perdre la place du peuple en démocratie. On se sert de lui pour mettre le pouvoir en place après, c'est fini. On ne tient plus compte de lui. On se confie au parti et à soi-même. Les peuples sont de plus en plus négligés une fois qu'un parti accède au pouvoir. Il fait tout à sa guise et le peuple devient l'objet d'oppression puisqu'on veut atteindre l'objectif du parti. Le peuple apparaît réellement dans la pratique du pouvoir comme le moyen qu'on se sert pour atteindre le pouvoir. Car, lorsque quelqu'un veut effectuer un voyage, il a besoin d'un moyen. Celui-ci le prend et le fait parvenir au lieu qu'il veut. Dès qu'il y arrive, il peut abandonner le moyen puisqu'il est arrivé à destination et il aura encore besoin de lui lorsqu'il sera encore dans le besoin. Le moyen ne sert plus à rien lorsqu'on atteint l'objectif, on peut le négliger. C'est la condition que connaît le peuple dans la démocratie des partis politiques. Les partis et les représentants des peuples se servent de lui comme moyen pour accéder au pouvoir et dès qu'ils y arrivent, le peuple ne sert plus à rien, il est totalement négligé, mis à l'écart. Parfois, même ses droits, on ne les lui accorde plus. Ce qui n'est pas le cas en Suisse où la plupart des décisions politiques sont soumises au peuple. L'un des exemples qui montrent la négligence du peuple dans la démocratie des partis politiques est le problème de l'obamacare aux USA. Les partis s'y étaient longuement opposés jusqu'à amener le pays au bord de la récession. Or, devant une telle contradiction ou une telle difficulté politique, on pouvait bien faire recours au peuple pour trancher, mais comme ce dernier ne sert que de marchepieds, il a été oublié au profit de la querelle des idéologies.

Or, la démocratie, c'est un pouvoir du peuple. Il le confie aux représentants parce que tout le peuple ne peut pas se regrouper et diriger ensemble. Alors, les représentants doivent savoir qu'ils ont seulement une mission à accomplir. Ils doivent associer dans leur décision au cas où ils butent, ceux qui leur ont confié cette mission. Il faut impliquer à tout moment le peuple dans la décision lorsqu'il s'agit d'un problème de grande envergure. Le peuple ne doit pas être surpris de ce qui se fait en politique, il doit être à tout moment associé.

Du côté des peuples, il faut qu'il y ait une forte imprégnation dans la vie politique en démocratie. Un peuple qui ne s'exprime pas est un peuple mort politiquement. Il subit facilement le dictat de ses représentants ou des partis au pouvoir. Il ressemble à quelqu'un qui donne une mission à un autre et qui est imposé ou dominé par ce dernier. Il faut savoir que dès les premiers moments de la démocratie, le peuple athénien s'était fortement impliqué pour atteindre l'égalité et la liberté politique. Pendant la Révolution française, c'est par l'implication du peuple que l'assemblée (la Constituante) avait échappé à la destitution ou la dissolution royale et c'est par elle aussi que la fin des droits féodaux avait été votée. En effet, selon les données historiques, au cours des assises de la Constituante, les députés réunis ne voulaient pas aborder la question de la fin des droits féodaux pourtant mentionnée dans les cahiers de charges venant des communes. Ayant été informé, le peuple s'était mobilisé par une révolution en s'emparant des dossiers contenant ces droits et les avait brûlés après. Le peuple français était très vigilant des acquis de la révolution qu'il s'était fait remarquer tout le long de l'histoire politique de la France voire de l'Europe après la révolution de 1789. L'esprit de l'homme politique est qu'il marche sur le peuple, il veut imposer sa vision sur les autres. Or, en démocratie, c'est au peuple de marcher sur les hommes politiques et c'est sa vision (vision du peuple) qu'il faut mettre en pratique. La plupart des peuples qui ont vaincu les hommes politiques sont ceux-là qui se sont fortement imprégnés de la chose publique. Alors, il ne faut pas que les peuples laissent le champ libre aux hommes politiques. Ils doivent veiller au pouvoir et le défendre si le besoin s'impose. C'est leur pouvoir non le pouvoir des hommes politiques ou des partis. Ceci m'amène à parler des interdictions faites par les gouvernements lorsqu'une partie du peuple ou un parti veut organiser une manifestation, de la question des ordonnances accordées aux présidents dans les constitutions de certains pays démocratiques et de l'appel des partis politiques pour trouver la solution face à un blocage institutionnel ou politique.

- **De l'interdiction des manifestations en démocratie**

En effet, dans *Pour une démocratie sans partis politiques*, examinant l'expression de la démocratie, j'ai montré que : « Les manifestations populaires sont l'un des droits des peuples. »[58] . Lorsqu'un peuple ou une partie du peuple constate que ses droits sont bafoués ou lorsqu'un élu abuse de son pouvoir, est incompétent ou ne répond pas aux aspirations populaires ; il a le droit de manifester. Ce droit fait partie de la souveraineté populaire. A cet effet, le peuple dans son ensemble ou en partie a le droit de manifester. C'est grâce à cette liberté arrachée vis-à-vis des aristocrates et des rois que les peuples athénien, anglais et français, qui sont à l'origine de la démocratie antique et moderne, nous ont amenés à la démocratie. Personne ne peut contester aujourd'hui que la démocratie est le fruit d'une lutte acharnée entre les aristocrates, les pros royalistes et les peuples épris de liberté. Pour y arriver, il fallait réellement que les peuples arrachent la liberté de manifester. C'est au gré des manifestations, des révoltes populaires que nous sommes arrivés à la démocratie. Et, c'est certainement à cause de cela que les manifestations sont admises en démocratie comme un droit des peuples. Mais, malgré que cela soit reconnu comme un droit démocratique, nous constatons aujourd'hui que dans plusieurs pays démocratiques, on interdit les manifestations. Lorsqu'il y a un désaccord politique ou comme je l'ai dit ci-dessus, lorsqu'il y a violation de droit ou abus du pouvoir, il y a des peuples qui cherchent à le revendiquer par des manifestations. Cependant, lorsque celles-ci sont programmées, nous suivons certains gouvernements les interdire. On arrête les promoteurs avec pour motif : « incitation aux troubles et atteinte à l'ordre public » ou « troubles à l'ordre public et incitation à la violence ». Cela ne se justifie pas. Demander aux gens de manifester ne signifie pas les inciter aux troubles et au désordre ou à la violence. C'est

---

[58] *Pour une démocratie sans partis politiques*, éd. L'Harmattan, 2016, p. 32

au contraire, les amener à exécuter, à mettre en pratique l'un des droits qui leur revient pour revendiquer ce qui est de droit. On se cache derrière l'expression : « incitation aux troubles et atteinte à l'ordre public » pour masquer l'incompétence, le besoin de se maintenir au pouvoir. Les raisons qui sont souvent évoquées sont celles liées à la sécurité. ''Pour des besoins de la sécurité, la manifestation est interdite suivons-nous souvent'' ; or, cette raison est souvent fallacieuse. Elle cache en soi la dictature, l'impérialisme et la faiblesse des élus. C'est, ce à quoi ont été victimes les martyrs africains tels que TCHIMPA MVITA, Patrice LUMUMBA, André Grénard MATSOUA… Quand il s'agit des proches du pouvoir qui veulent manifester, il n'y a pas d'insécurité. Mais, si ceux qui veulent manifester vont à l'encontre du pouvoir, on interdit la manifestation pour cause d'insécurité. En réalité, ils craignent que de ces manifestations, on aboutisse au renversement du pouvoir. Car, aucun homme politique ne peut méconnaître la force d'une manifestation populaire et, lorsqu'on avance l'insécurité comme raison de l'interdiction de ces manifestations, où se trouve l'insécurité si, c'est le peuple ou l'une de ces parties qui veut manifester. Ce qu'on peut craindre ce sont les débordements et pour les éviter, il y a la police qui est là pour encadrer et y veiller, au cas contraire, on conscientise le peuple. Selon le droit démocratique, on ne peut normalement pas interdire une manifestation. Cela manifeste une violation de droit démocratique. Les élus doivent avoir cette conscience que manifester est un droit en démocratie. On ne peut donc pas interdire une manifestation en démocratie. Que ce soit : une, deux ou trois personnes qui veulent manifester, il faut leur accorder le droit. Cela nous évitera les conséquences dramatiques, fratricides et les violences qui surgissent lorsque l'interdiction est bravée par les promoteurs de la manifestation. La question que je pose aux hommes politiques actuels qui font de telles pratiques est : « seraient-ils aujourd'hui hommes politiques si les aristocrates et les rois avaient réussi à étouffer les manifestations populaires à leurs époques comme eux, ils le font maintenant ? » Prenons par exemple le cas des manifestations du 13, 14 et 15 août 1963 au Congo Brazzaville, manifestations qui avaient conduit au renversement du Président YOULOU, si ce dernier les avait étouffées comme il le fit auparavant avec les Matsouanistes[59], connaîtrions-nous politiquement ce qui c'en est suivi ! Nous savons bien selon la réalité aristocratique et des royaumes, qui devraient être hommes politiques. Nombreux qui le sont aujourd'hui, nulles ont été les manifestations populaires qui nous ont entraînés à la démocratie, ne le seraient pas. Nous avons hérité d'un système dont le fondement ou la base sont les manifestations populaires. Pourquoi vouloir les étouffer pendant qu'elles sont l'expression normale de la démocratie et un moyen de liberté ou de victoire pour les peuples. Ce qu'un élu ou un pouvoir peut faire lorsque la manifestation est organisée en sa défaveur, c'est de l'opposer à une autre manifestation. Je m'explique : si je suis au pouvoir, une partie du peuple est lésée par mon action, elle cherche à manifester. Je lui accorde la liberté, c'est-à-dire, je lui laisse le temps de manifester. Après sa manifestation je peux appeler ceux qui me soutiennent pour constater la confiance que le peuple me fait sur cette action. Si la majorité penche sur les revendicateurs, je laisse l'action, si elle penche vers ceux qui me soutiennent, je la réalise. Pourtant, nous le voyons dans plusieurs pays. Quand il y a des manifestants contre, il y a toujours des

[59] Adeptes et sympathisants de MATSOUA l'un des acteurs œuvrant pour la décolonisation de l'AEF et fondateur de l'A.M.I.C.A.L.

manifestants pour. Qu'on les appelle officiellement, qu'on ne les appelle pas officiellement, nous voyons toujours des gens qui s'opposent à une manifestation donnée, d'où les pouvoirs sont là pour les encadrer. Cela m'entraîne à dire qu'interdire une manifestation en démocratie, c'est enfreindre l'un des droits et des libertés fondamentaux de la démocratie. Si cette interdiction est vraiment institutionnelle, il faut corriger les textes ou faire entorse aux droits institutionnels pour privilégier le droit et la liberté démocratiques. Car, certains textes ont été institutionnellement rédigés en s'éloignant des principes démocratiques sur certains principes tels que les ordonnances accordées aux présidents dans certaines constitutions.

- **Des ordonnances présidentielles**

Beaucoup de constitutions donnent le pouvoir aux présidents des républiques de décider par ordonnance au cas où les deux chambres du parlement ne s'accordent pas sur un document donné. Document que le Président trouve nécessaire dans la réalisation du projet gouvernemental. Or, accorder un tel pouvoir aux présidents, c'est mettre les présidents au-dessus des peuples ; c'est accorder plus de pouvoir aux présidents qu'aux peuples. En réalité en démocratie, lorsqu'un pouvoir bute sur quelque chose dans l'exécution du projet, celui-ci doit faire recours au souverain premier qui est le peuple. Lorsqu'un président veut entreprendre un projet qu'il juge nécessaire pour le peuple, si ce projet connaît un blocage au niveau du parlement, il ne peut pas à mon avis le forcer par une ordonnance, peut-être que c'est la volonté du peuple qui veut s'exprimer ainsi car qui dit parlement, dit représentant du peuple. On peut bien penser un bien pour quelqu'un mais de son côté, il peut ou ne pas le trouver ainsi. De ce fait, on ne peut pas le forcer à vous croire. Et comme en démocratie, on ne peut faire que ce que le peuple veut ; on suspend le projet et on peut par après consulter le peuple primaire. Si ce dernier est d'accord, on l'applique, s'il ne l'est pas, on abandonne le projet. Il faut reconnaître que dans certaines constitutions, on a accordé trop de pouvoir aux présidents que ces derniers agissent en autocrates et s'inclinent de plus en plus vers ce qui les avantage. Comment peut-on concevoir que même les vieilles démocraties se passent parfois de la volonté populaire parce que le président ou le parti au pouvoir veut atteindre ses objectifs qui parfois sont préjudiciables aux peuples. La démocratie actuelle a besoin de remettre le peuple à sa place. Celui-ci ne doit pas être seulement consulté pour accéder au pouvoir, mais il faut l'impliquer dans la prise des décisions et l'exécution des programmes quand il y a blocage au niveau des institutions. La consultation du peuple doit être permanente pour débloquer certaines questions politiques. Je ne suis pas pour les ordonnances présidentielles car, cela cause souvent des problèmes. A mon avis, les constitutions qui les proposent comme moyen d'échapper à une contradiction entre les deux chambres du parlement doivent revoir cette question car, les conséquences que cela amène sont très remarquables. Ce qui est issu d'une ordonnance entraîne souvent des conflits. D'où, il est mieux de revenir au peuple en cas de blocage politique et institutionnel au lieu de privilégier les ordonnances.

- **De l'appel des partis politiques pour un déblocage politique**

Nous savons que contrairement à la démocratie athénienne qui fonctionnait sans partis politiques, la démocratie moderne fonctionne avec des partis politiques.

Ceux-ci conformément à la vision onusienne qui reconnaît l'existence de la démocratie dans un pays par le multipartisme permettent en ce sens de reconnaître l'existence de la démocratie dans un pays. L'existence des partis politiques dans un pays est donc l'un des signes qui déterminent l'existence de la démocratie dans ce pays. Je ne voudrais pas traiter ici la question des partis politiques en démocratie puisque cela a constitué l'un des objectifs de mon livre *Pour une démocratie sans partis politiques* et dans ce présent livre j'en suis revenu dans certains chapitres. Ce qui m'intéresse ici sur les partis politiques, c'est comme l'indique le sous-titre l'appel des partis politiques pour un déblocage politique ou institutionnel. En effet, depuis un certain temps, nous constatons dans les jeunes démocraties une pratique qui consiste à faire appel aux partis politiques pour débloquer une situation politique. Lorsque le gouvernement ou les institutions butent sur un fait politique, on appelle les partis politiques pour un dialogue ou une concertation. Cette pratique à mon avis est une violation de la souveraineté des peuples. Nous savons très bien qu'en démocratie, chaque élément ou chaque instance a ses droits et ses devoirs. Les droits assignés aux partis politiques ne mentionnent pas que ceux-ci doivent être appelés pour débloquer une situation politique donnée. Les partis existent pour la lutte autour du pouvoir et manifester la démocratie. Aucun article ne prévoit qu'ils peuvent être appelés en cas de blocage politique pour débloquer la situation. Lorsqu'une institution bute sur un fait donné, la politique réside dans les constitutions. Tel que certaines constitutions proposent les ordonnances aux présidents des républiques. En cas de blocage, le Président fait usage de l'ordonnance. L'appel des partis politiques pour débloquer une situation politique ne relève que de ce fait. Ce sont souvent les présidents qui en l'absence d'un article autorisant ce genre de pratique, convoquent les partis par ordonnance. Or, le président de la République fait déjà l'objet des contradictions. Son action n'est pas souvent acceptée par tout le monde. Si ceux qui sont de son côté peuvent facilement l'accepter, ceux qui s'opposent à lui l'acceptent difficilement ou pas du tout. Ce qui cause des troubles, des conflits et le blocage perdure. Après une longue réflexion sur ce fait - appeler les partis politiques pour débloquer un fait politique - je me suis rendu compte que cette pratique viole le droit fondamental des peuples : la souveraineté.

En effet, ce qui définit le pouvoir de toute instance démocratique dans un pays, c'est la constitution. Celle-ci en démocratie est considérée comme le texte fondamental dans lequel on retrouve les modalités de la gestion de la cité. Pour sa mise en place, elle nécessite le vote populaire, c'est-à-dire, pour qu'une constitution soit valable, il faut qu'elle soit votée par le peuple. D'où, elle est considérée comme l'expression et la volonté populaires. Cela veut dire que les constitutions résultent des peuples. Ce sont les peuples qui sont à leurs fondements. A cet effet, lorsqu'il y a un problème qui se pose dans la gestion de l'Etat, cela veut dire qu'il y a quelque chose qui avait échappé au peuple dans la constitution. Alors, il y a en ce sens comme un vide juridique et devant cela, il n'est pas bienséant de convoquer les partis politiques pour débloquer la situation. Cela montre qu'on usurpe le pouvoir des peuples en favorisant les partis politiques. Il revient en réalité aux peuples de décider ou de débloquer la situation. Il faut appeler les peuples pour trouver la solution. Car, la démocratie n'est pas un pouvoir des partis politiques. Ce ne sont pas eux qui votent la constitution, ils ne mettent pas non plus les instances démocratiques en place. Tout cela revient aux peuples. Alors, pourquoi appeler les partis en cas de blocage politique. Cela manifeste le mépris, la négligence des peuples après la mise en place des instances. On pense que le pouvoir des peuples ne s'arrête qu'à la mise en place des instances. Une fois la Constitution, le Parlement et le Président votés, les peuples ne servent plus. Or, le pouvoir des peuples en démocratie est permanent puisque c'est en eux seuls que réside la souveraineté. Il faut donc revenir à tout moment aux peuples lorsqu'on constate une difficulté car, c'est son pouvoir. Je ne cesserais de dire qu'en démocratie, les élus sont comme des travailleurs des peuples. Ce sont des gens à qui on confie des missions. Je ne vois pas un travailleur à qui on a confié une mission aller voir une autre personne lorsqu'il se trouve en difficulté par rapport à ce qui lui a été demandé de faire. Il peut le faire pour combler un manquement de sa part mais, si la difficulté repose sur la mission même, il n'est pas possible de ne pas s'adresser au patron. Pour être plus clair, si quelqu'un confie la construction d'une maison à une personne, celle-ci peut se retrouver devant deux difficultés : la non-maîtrise de l'art et le manque du matériel. Pour la première difficulté, il a la possibilité de consulter une autre personne en dehors de celui qui lui a confié le travail, pour la seconde, il ne peut voir que le patron. Mais, la pratique que nous voyons dans certains pays en démocratie, c'est le contraire. Tenez, pour répondre aux exigences de l'Union européenne sur l'austérité en Grèce et constatant que cela intéressait le peuple, Alexis TSIPRAS avait consulté le peuple. Son attitude avait ému la plupart des autorités européennes et même celles du monde car, croyant qu'il avait mis son pouvoir en danger, mieux, il avait risqué son pouvoir. Pour elles, il fallait seulement consulter les parlementaires ou les partis, cependant TSIPRAS avait consulté le peuple. L'attitude de TSIPRAS a été démocratique et la vision des autorités européennes manifeste bien l'oubli ou l'abandon des peuples pour favoriser la magouille politique. Il est quand même intrigant de voir que certains faits qui constituent le blocage politique relèvent de la compétence des peuples pour être débloqués, mais on appelle les partis politiques. C'est vraiment une violation flagrante des droits et des libertés des peuples. Comment accepter par exemple qu'un président convoque directement un dialogue ou une concertation des partis politiques en vue de changer, de modifier une constitution ou prolonger un mandat en cas de la non-tenue des élections ! Quelle que soit la situation où l'on se trouve ici, il faut en réalité consulter directement le peuple car, chaque situation ici implique la constitution et son auteur, c'est le peuple non les partis politiques. Pour organiser quoi que ce soit qui implique la constitution, il faut d'abord organiser un referendum non le faire par ordonnances. Au cas contraire, on tombe dans l'erreur de la violation des droits et des libertés des peuples. En ma connaissance, on ne peut faire que ce que la constitution autorise alors, même si certains présidents ont la liberté d'ordonner, je ne suis pas pour les ordonnances car, nous voyons les conséquences que cela entraîne. Tous ceux qui agissent par ordonnances lorsque la question a une portée constitutionnelle ne comprennent pas l'esprit de la démocratie. C'est une faute grave que de ne pas demander d'abord l'avis du peuple. Car, c'est lui le propriétaire de la constitution et il n'y a que lui qui peut ou non décider son changement. Les partis politiques ne représentent en aucun moment le peuple et ils ne peuvent pas être mis au-devant de la scène politique avant le peuple. Il ne leur revient pas de décider de changer, modifier ou non la constitution comme il ne leur revient pas non plus le droit de décider la prolongation d'un mandat. Il faut reconnaître et redonner au peuple sa place en l'impliquant directement sur les questions liées à la constitution.

Conclusion

L'objectif de mon essai a été de montrer que la démocratie a un caractère socialiste non capitaliste. Après l'analyse de la naissance, de la nature et de l'histoire de la démocratie, il apparaît qu'il y a une dénaturation de la démocratie par le capitalisme. La gestion de la démocratie à base du capitalisme comme système économique a fait perdre le sens ou la substance à la démocratie. Si dans ses origines et pendant la naissance de la démocratie moderne chez les Anglais comme chez les Français et par sa nature, la démocratie reposait et repose sur la cité et le citoyen dans l'agir politique ; aujourd'hui, l'agir politique en démocratie repose beaucoup plus sur l'intérêt des partis et des particuliers dans la pratique du pouvoir. Dans la majorité des pays démocratiques, ce qui prime actuellement, c'est, comment sauvegarder l'idéologie du parti, l'enrichir et ses membres pour le et les maintenir au pouvoir ou le conquérir. Les réalités sociales des citoyens n'intéressent guère les partis politiques. Dans leurs campagnes, ils parlent bien de l'intérêt communautaire, dès qu'ils sont élus, les voilà qui se partagent le pouvoir et les biens de la cité au détriment des citoyens. On ne pense qu'à la politique d'enrichir le parti et ses membres. Les cris d'alarme des populations sont répondus par des coups de matraque des gendarmes, des policiers voire des tueries sans gêne. Les peuples souffrent dans leurs conditions sociales, les hommes politiques sont gais de parler de l'émergence et d'encourager la politique malgré les souffrances des peuples. Or reposer le développement d'un pays sur la monnaie et l'intérêt particulier au détriment des conditions sociales des peuples, c'est le sens même du capitalisme. Si on observe avec attention les conditions de vie des citoyens qui se détériorent de plus en plus, on aboutira au fait que les discours des hommes politiques sont entachés de démagogie. Ils savent très bien ce que les peuples endurent dans leur vie sociale, mais ils font comme si de rien n'était. Ils agissent comme des capitalistes. D'où, je dis que la démocratie actuelle est plus capitaliste que socialiste. Il faut donc revenir au sens normal de la démocratie qui fonctionne avec des citoyens et des instances libres pour retrouver son caractère social. Car, la démocratie des partis politiques et capitalistes change de forme à la démocratie réelle ou la dénature et peut même être appelée : régime des partis politiques puisqu'ayant eu une nette domination de Périclès, parfois, la démocratie athénienne est appelée le siècle de Périclès ou, par l'influence accrue du capitalisme dans cette démocratie, on peut accepter l'erreur historique qui fait du capitalisme un régime politique pour appeler la démocratie actuelle : le capitalisme. Je veux dire, vu la pratique actuelle du pouvoir en démocratie, il y a lieu d'appeler la démocratie actuelle soit le régime des partis politiques ou soit simplement le capitalisme.

Bibliographie

La sainte Bible

Revue science et avenir

Justin Minimona, *Pour une démocratie sans partis politiques ;*

Les Temps modernes : XVIIe, XXVIIIe siècles ;

Karl Marx, *Manifeste du parti communiste* ;

Karl Marx, *L'idéologie allemande* ;

Karl Marx, *Manuscrits de 1844* ;

Léon Louis Grateloup, *Anthologie philosophique* ;

Hegel, *Leçons sur la philosophie de l'histoire ;*

Gaston Bachelard, *Le nouvel esprit scientifique* ;

Gaston Bachelard, *Noumène et microphysique* ;

Aristote, *Métaphysique* ;

Aristote, *Ethique à Nicomaque* ;

Georges Pascal, *Textes philosophiques* ;

René Descartes, *Les principes de la philosophie* ;

Léon Robin, *La pensée grecque et les origines de l'esprit scientifique* ;

Emmanuel Kant, *Critique de la Raison Pure* :

Ferdinand Mouangassa, *Nganga Mayala* ;

Albert Camus, *Actuelles* ;

Maurice Duverger, *Sociologie politique* ;

Autres documents utilisés

- ® Encarta ® 2009. ©
- Démocratie athénienne : article de Wikipédia, l'encyclopédie libre : Internet

Table des matières

Économie et Entreprise

aux éditions L'Harmattan

Dernières parutions

MONDIALISATION, ACCORDS COMMERCIAUX RÉGIONAUX ET INTÉGRATION DE L'AFRIQUE
Sous la direction de Cécile Bastidon, Ochozias Gbaguidi, Azzedine Ghoufrane, Ahmed Silem
Ce livre porte sur le phénomène du multilatéralisme qui caractérise le système commercial administré par l'OMC issu du traité de Marrakech (15 avril 1994). La mondialisation se double d'accords de libre-échange bilatéraux et régionaux en Afrique. Compte tenu des difficultés rencontrées pour arriver à un accord dans le cadre des négociations du cycle de Doha, ce régionalisme s'accompagne d'un plurilatéralisme qui est sans doute sous-optimal par rapport au multilatéralisme traditionnel.
(19.00 euros, 170 p.)
ISBN : 978-2-343-11849-9, ISBN EBOOK : 978-2-14-003477-0

L'ENTREPRISE – Pour mieux la connaître
Bersinger Sylvain
Ce livre vise à présenter le monde de l'entreprise sous ses différents aspects, principalement à destination d'un public d'étudiants. Écrits dans un langage simple, parsemé d'exemples et de schémas, il se veut accessible aux débutants qui souhaitent découvrir ce monde fascinant qu'est celui de l'entreprise.
(22.50 euros, 220 p.)
ISBN : 978-2-343-11792-8, ISBN EBOOK : 978-2-14-003481-7

HISTOIRE D'UN ENTRETIEN D'EMBAUCHE RÉUSSI
Récit d'une démarche efficace avec les bons outils et la bonne posture
Ramirez Morales Gabriel
De nos jours, le chômage reste élevé et les postes fragiles. Ainsi, la posture de la personne devient un enjeu majeur dans la recherche d'emploi. Cet ouvrage nous permet d'accompagner Claude, sans emploi depuis plusieurs mois. Nous allons apprendre avec lui à trouver la bonne posture, la meilleure stratégie comportementale afin d'intégrer au plus tôt le monde d'exigence qu'est l'entreprise.
(17.50 euros, 164 p.)
ISBN : 978-2-343-11781-2, ISBN EBOOK : 978-2-14-003389-6

POLITIQUE DU TRAVAIL
La fierté professionnelle
Tertrais Laurent
L'ampleur du chômage nous aurait-elle fait oublier le travail lui-même ? La course à l'emploi et à la productivité a pris le pas sur une approche positive de l'activité. On valorise peu les métiers, le goût pour le travail bien fait et la performance collective. La précarité et l'intensification de l'activité nous font paradoxalement oublier que le travail est en soi un objet public. Parlons de nos identités professionnelles. Donnons alors des moyens contre la solitude. Misons sur la politique éducative et la qualité des parcours dès l'enfance.
(Coll. Questions contemporaines, 15.00 euros, 130 p.)
ISBN : 978-2-343-11501-6, ISBN EBOOK : 978-2-14-003422-0

LES ESPACES DU TRAVAIL
Prévention et santé au travail
Salignac Philippe
En éclairant la théorie par des exemples concrets rencontrés durant son activité professionnelle, l'auteur montre comment l'espace en lui-même et les pratiques spatiales associées peuvent être révélateurs des tensions et des enjeux qui traversent toute entreprise. À partir de situations vécues, il révèle l'importance des spécificités du fonctionnement collectif et étudie leurs effets sur la santé au travail.
(Coll. Sciences et Société, 25.00 euros, 236 p.)
ISBN : 978-2-343-11469-9, ISBN EBOOK : 978-2-14-003407-7

LES PRIX AGRICOLES
Nouveau dialogue sur le commerce des bleds
Boussard Jean-Marc
Dans tous les systèmes économiques, les prix servent de messagers entre les producteurs et les consommateurs, informant les premiers des désirs des seconds, et ces derniers de la difficulté de produire. Dans le secteur agroalimentaire, ni les consommateurs ni les producteurs ne peuvent s'adapter facilement aux variations de prix. Voici proposées quelques solutions pour rationaliser le commerce de produits agricoles, sans rien perdre des avantages liés aux échanges mais en évitant les gaspillages associés à l'instabilité des prix.
(Coll. L'esprit économique, série Le Monde en Questions, 21.00 euros, 194 p.)
ISBN : 978-2-343-11246-6, ISBN EBOOK : 978-2-14-003101-4

L'AUTONOMIE FINANCIÈRE DES AUTORITÉS INDÉPENDANTES
Palma-Amalric Valérie - Préface de Vincent Dussart
(Prix de thèse de la Société française de finances publiques)
Les autorités indépendantes occupent une place considérable dans le fonctionnement des institutions de la Ve République, mais soulèvent de nombreuses questions. À l'heure où les parlementaires discutent d'une proposition de loi portant statut général des autorités administratives et publiques indépendantes, cette étude interroge l'ampleur et la portée de leur autonomie financière apportant des éléments relatifs au financement, au personnel et à la gestion.
(Coll. Finances publiques, 49.00 euros, 622 p.)
ISBN : 978-2-343-11595-5, ISBN EBOOK : 978-2-14-003299-8

LES DYNAMIQUES D'ÉMERGENCE DANS UN MONDE EN PERPÉTUELLE MUTATION
Schulders Guy - Préface de Phillip LeBel
L'auteur de cet ouvrage pose des questions difficiles sur les enjeux d'un monde nouvellement reformaté, dont aucun pays ne maîtrise plus vraiment ni les rythmes, ni les orientations. Comment les pays en difficulté des continents africain, latino-américain ou du Sud-Est asiatique font-ils évoluer leur processus de croissance vers une dynamique de développement, puis d'émergence ? Quel rôle les BRICS, en particulier la Chine, l'Inde et le Brésil, jouent-ils dans la mise en œuvre des nombreuses synergies avec les autres pays du monde, riches comme pauvres ?
(25.00 euros, 236 p.)
ISBN : 978-2-343-11250-3, ISBN EBOOK : 978-2-14-003251-6

LA GESTION PLANIFIÉE
Logiques, fondements et perspectives
Amedzro St-Hilaire Walter
Quels sont les liens entre la gestion planifiée et la dynamique des affaires ? Quels sont les facteurs économiques et gestionnaires qui influencent l'interconnexion entre la logique planifiée et la productivité des entreprises ? L'auteur tente ici d'identifier le rôle de l'optimisation des affaires dans l'opérationnalisation de la gestion planifiée et de comprendre comment, au niveau des entreprises et des organisations, l'efficacité décisionnelle oriente les stratégies planifiées.
(Coll. Dynamiques d'entreprises, 26.00 euros, 260 p.)
ISBN : 978-2-343-11402-6, ISBN EBOOK : 978-2-14-003131-1

COMPRENDRE ET PRATIQUER LA BOURSE
Zamble - Bi B. Emmanuel - Préface de Stefan Nalletamby
Cet ouvrage définit la bourse des valeurs, décrit son organisation ainsi que son fonctionnement et présente les produits financiers, notamment les actions, les obligations, les OPCVM et les produits dérivés. Il expose les techniques d'évaluation de société ou d'emprunt obligatoire dans le cadre d'une introduction en bourse, décrit le mécanisme de dénouement des transactions et présente un répertoire des bourses des valeurs d'Afrique et des principales bourses hors Afrique. Afin de faciliter la compréhension, chaque section s'achève sur des exemples pratiques ou des exercices corrigés.
(Harmattan Côte-d'Ivoire, 24.50 euros, 228 p.)
ISBN : 978-2-343-11492-7, ISBN EBOOK : 978-2-14-003260-8

ET S'IL FALLAIT TOUT CHANGER ?
Hébert Michel
Un jour ou l'autre, votre entreprise sera confrontée à un changement brutal auquel elle n'était pas préparée. Il va falloir bousculer toutes nos façons de réfléchir, d'organiser, et inventer de nouvelles façons de travailler. Tout est à revoir, tout devient adaptatif : la vie, la stratégie, le long terme. Rien ne sert de traiter ce monde avec l'état d'esprit d'hier.
(23.50 euros, 230 p.)
ISBN : 978-2-343-10596-3, ISBN EBOOK : 978-2-14-003313-1

L'IDENTITÉ DES MARCHÉS FINANCIERS
Conseils aux épargnants actifs
Gallot Philippe
Le premier objectif de ce livre est d'inciter les épargnants à s'intéresser aux principaux mouvements des marchés financiers. Ces derniers sont en effet porteurs d'enseignements potentiels dignes d'intérêt : ils offrent des opportunités d'investissements conséquentes. Dans le même temps, une mise en garde s'impose aux épargnants et aux investisseurs car manipulations et dérives sévissent sur ces marchés dont il ne faut pas minimiser les risques intrinsèques.
(29.00 euros, 278 p.)
ISBN : 978-2-343-11503-0, ISBN EBOOK : 978-2-14-003324-7

DÉCIDER À L'INTERNATIONAL
Est-ce une question de distance ?
Moalla Emna
Cet ouvrage s'interroge sur le rôle de la distance dans les décisions de développement à l'international des entreprises, et examine notamment l'impact de la distance sur le choix de mode d'entrée à l'étranger. Il étudie les différentes dimensions de la distance (culturelle, administrative, géographique, économique) en s'appuyant sur un échantillon de 203 opérations de rapprochement effectuées par des entreprises françaises avec des partenaires localisés dans le monde entier.
(Coll. Entreprises et Management, 30.00 euros, 288 p.)
ISBN : 978-2-343-08938-6, ISBN EBOOK : 978-2-14-003179-3

CHOISIR POUR RÉUSSIR
La psychanalyse adaptée aux problématiques professionnelles
De Queylar Axel
Se développer dans son travail nécessite de quitter la dépendance au profit de la liberté. Cette recherche d'autonomie permet de s'épanouir en étant davantage soi-même. Des entraves personnelles ou extérieures peuvent gêner ce processus et il devient important de les surmonter. Se sentir libre dans ses choix permet d'avancer en confiance. Cet ouvrage est donc un levier de compréhension et un outil pratique. Il s'adresse à toute personne souhaitant améliorer son positionnement professionnel.
(22.00 euros, 232 p.)
ISBN : 978-2-343-11636-5, ISBN EBOOK : 978-2-14-003216-5

L'HARMATTAN ITALIA
Via Degli Artisti 15; 10124 Torino
harmattan.italia@gmail.com

L'HARMATTAN HONGRIE
Könyvesbolt ; Kossuth L. u. 14-16
1053 Budapest

L'HARMATTAN KINSHASA
185, avenue Nyangwe
Commune de Lingwala
Kinshasa, R.D. Congo
(00243) 998697603 ou (00243) 999229662

L'HARMATTAN CONGO
67, av. E. P. Lumumba
Bât. – Congo Pharmacie (Bib. Nat.)
BP2874 Brazzaville
harmattan.congo@yahoo.fr

L'HARMATTAN GUINÉE
Almamya Rue KA 028, en face
du restaurant Le Cèdre
OKB agency BP 3470 Conakry
(00224) 657 20 85 08 / 664 28 91 96
harmattanguinee@yahoo.fr

L'HARMATTAN MALI
Rue 73, Porte 536, Niamakoro,
Cité Unicef, Bamako
Tél. 00 (223) 20205724 / +(223) 76378082
poudiougopaul@yahoo.fr
pp.harmattan@gmail.com

L'HARMATTAN CAMEROUN
TSINGA/FECAFOOT
BP 11486 Yaoundé
699198028/675441949
harmattancam@yahoo.com

L'HARMATTAN CÔTE D'IVOIRE
Résidence Karl / cité des arts
Abidjan-Cocody 03 BP 1588 Abidjan 03
(00225) 05 77 87 31
etien_nda@yahoo.fr

L'HARMATTAN BURKINA
Penou Achille Some
Ouagadougou
(+226) 70 26 88 27

L'HARMATTAN SÉNÉGAL
10 VDN en face Mermoz, après le pont de Fann
BP 45034 Dakar Fann
33 825 98 58 / 33 860 9858
senharmattan@gmail.com / senlibraire@gmail.com
www.harmattansenegal.com

www.ingramcontent.com/pod-product-compliance
Lightning Source LLC
LaVergne TN
LVHW011023061026
849535LV00006B/2021
* 9 7 8 2 3 4 3 1 1 2 1 9 0 *